YISHU YUANXIAO SIXIANG ZHENGZHI LILUNKE
YITILIANGYI JIAOXUE MOSHI YU FANGFA YANJIU

艺术院校思想政治理论课
"一体两翼"教学模式与方法研究

周国琴 徐平华◎著

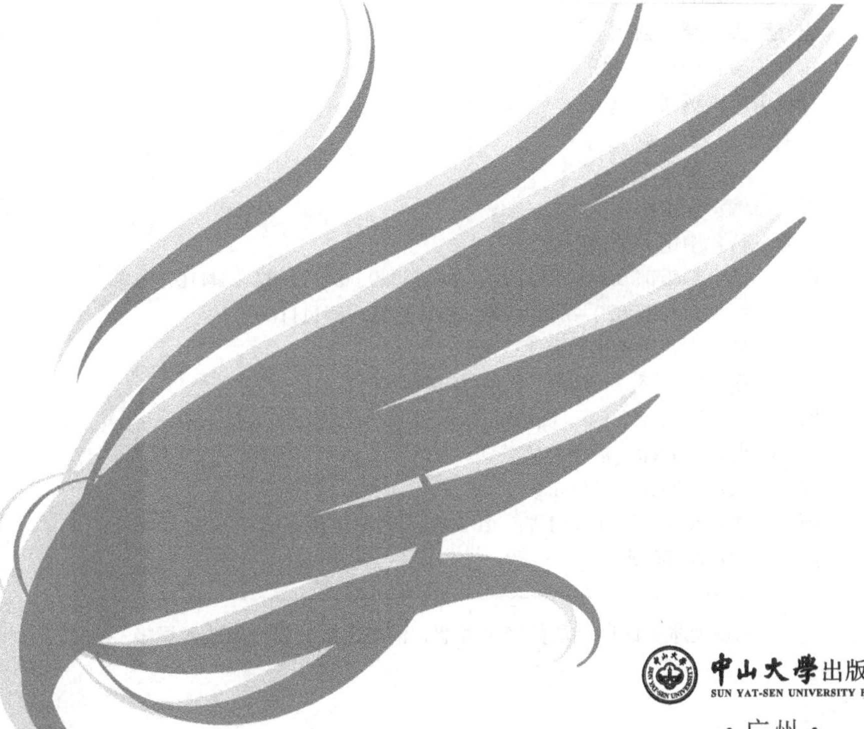

中山大学出版社
·广州·

版权所有　翻印必究

图书在版编目（CIP）数据

艺术院校思想政治理论课"一体两翼"教学模式与方法研究/周国琴，徐平华著．—广州：中山大学出版社，2014.8
ISBN 978-7-306-04989-6

Ⅰ.①艺…　Ⅱ.①周…②徐…　Ⅲ.①思想政治教育—教学研究—艺术学校—高等学校　Ⅳ.①G641

中国版本图书馆 CIP 数据核字（2014）第 184193 号

出 版 人：徐　劲	
策划编辑：周建华　杨文泉	
责任编辑：杨文泉	
封面设计：曾　斌	
责任校对：钟永源	
责任技编：何雅涛	
出版发行：中山大学出版社	
电　　话：编辑部 020 - 84111996，84113349，84111997，84110779	
发行部 020 - 84111998，84111981，84111160	
地　　址：广州市新港西路 135 号	
邮　　编：510275　传真：020 - 84036565	
网　　址：http://www.zsup.com.cn　E-mail：zdcbs@mail.sysu.edu.cn	
印 刷 者：虎彩印艺股份有限公司	
规　　格：880mm×1230mm　1/32　6.5 印张　170 千字	
版次印次：2014 年 8 月第 1 版　2014 年 8 月第 1 次印刷	
定　　价：28.00 元	

如发现本书因印装质量影响阅读，请与出版社发行部联系调换

目 录

第一章　艺术院校思想政治理论课教学中的因材施教 …………… 1

一、艺术院校思想政治理论课因材施教的现实基础 ……… 2
二、艺术院校思想政治理论课因材施教的理论基础 ……… 6
三、艺术院校思想政治理论课因材施教的实践路径 …… 10

第二章　艺术院校思想政治理论课"一体两翼"教学模式 …… 15

一、艺术院校思想政治理论课须以思想政治教育为核心 … 15
二、艺术院校思想政治理论课须以人文素质教育为拓展 … 18
三、艺术院校思想政治理论课须以艺术类思想政治
　　教育资源为辅助 ………………………………… 22

第三章　艺术作品教学法 …………………………………… 26

一、思想政治理论课艺术作品教学法实证分析 ………… 26
二、思想政治理论课艺术作品教学法理论与实践探索 … 28
三、思想政治理论课艺术作品教学法的启示与体会 …… 33

第四章　艺术案例教学法 …………………………………… 40

一、运用艺术案例进行思想政治理论课教学的必要性 … 41
二、运用艺术案例进行思想政治理论课教学的可行性 … 45
三、艺术案例教学法在思想政治理论课中的实施和运用 … 47
四、运用艺术案例教学法需要妥善处理好"四个关系" … 50

第五章 传统文化教学法 …………………………………… 54
一、当前艺术院校思想政治教育的现状及其原因 …… 55
二、当前艺术院校探索传统文化教学法的必要性与
　　可行性 ………………………………………………… 56
三、当前艺术院校探索传统文化教学法，创新教学
　　的具体对策与措施 …………………………………… 60

第六章 教学模式与方法贯彻于《原理》课教学 ………… 67
一、《原理》课教学的理论探析 ……………………… 67
二、《原理》课教学设计实例 ………………………… 85

第七章 教学模式与方法贯彻于《基础》课教学 ………… 105
一、《基础》课教学的理论探析 ……………………… 105
二、《基础》课教学设计实例 ………………………… 117

第八章 教学模式与方法贯彻于《概论》课教学 ………… 132
一、《概论》课教学的理论探析 ……………………… 132
二、《概论》课教学设计实例 ………………………… 144

第九章 教学模式与方法贯彻于《纲要》课教学 ………… 160
一、《纲要》课教学的理论探析 ……………………… 160
二、《纲要》课教学设计实例 ………………………… 177

参考文献 ……………………………………………………… 194
后　记 ………………………………………………………… 199

序　言

　　中国文学艺术界联合会第九次全国代表大会报告明确指出："一切有理想有抱负的文学艺术工作者，都要做到德艺双馨，积极履行人类灵魂工程师的职责，担负起这个时代赋予的神圣使命！"这也为新时期我国高等艺术院校的人才培养指明了方向："德艺双馨"是其人才培养的重要目标。新形势下加强艺术院校思想政治教育教学实践探索和理论研究，对于把握艺术院校思想政治教育教学规律，提高教育教学实效，培养全面发展、德艺双馨的复合型艺术人才具有重要意义。

　　长期以来，广州美术学院在"文艺为人民服务，为社会主义服务"的"双为"方针指引下，秉承"育人为本，德育为先"的理念，始终把"培养什么样的人"作为办学的头等大事来抓，一贯重视思想政治理论课教学。为了贯彻落实中共中央国务院颁布的《关于进一步加强和改进大学生思想政治教育的意见》即中央16号文件以及中共广东省委省政府颁布的《关于进一步加强和改进大学生思想政治教育的实施意见》文件精神，制定了《广州美术学院进一步加强和改进大学生思想政治教育的实施意见》，强调："充分发挥思想政治理论课对大学生进行思想政治教育的主渠道作用"，"把思想政治理论课作为学院重点课程来建设"。在此精神指导下，

我校积极探索思想政治教育教学规律，积累了富有艺术院校特色的思想政治教育教学经验，取得了丰富的成果，《艺术院校思想政治理论课"一体两翼"教学模式与方法研究》是我们实践探索和理论研究的重要成果之一。

广州美术学院思想政治理论课教学部从艺术院校的实际出发，创新教学模式与方法，提高教育教学实效，并形成独特的理论体系：即依据"因材施教"原理（此即"零"亦即源头），探索"一体两翼"式教学模式（针对艺术生人文素质相对薄弱且重视专业学习的现状，探索艺术院校"一体两翼"式教学模式，即艺术院校思政课必须以思想政治教育为核心即"一体"，人文素质教育为拓展，艺术类思想政治教育资源为辅助，即"两翼"，因材施教，切实提高教学效果），创新三大教学方法（艺术作品教学法、艺术案例教学法、传统文化教学法），贯彻到四门主干课（《原理》、《基础》、《概论》、《纲要》）。简称"零一二三四"。

作为教学方面著作能形成完整的理论体系及独特而鲜明的艺术特色，实难能可贵。希望本书能对如何提高艺术院校思想政治理论课教育教学实效，培养全面发展、德艺双馨的复合型艺术人才有所启迪；同时也能对其他专业院校思想政治理论课教学改革起抛砖引玉的作用。

广州美术学院党委副书记　李　月
2014 年 5 月

第一章　艺术院校思想政治理论课教学中的因材施教

在高校系统中，艺术院校是极具特色的院校，是不同于普通高校的个性化高校。思想政治理论课是在我国高校统一开设的，是在高校传播和贯彻国家主流意识形态和执政党的执政理念的主阵地，也是培养大学生树立科学的世界观、人生观和价值观的主渠道。艺术院校既是高校系统的有机组成部分，又与一般高校有着明显的特色差异，因此，艺术院校思想政治理论课教学既要遵循和运用思想政治理论课教学的一般规律和普遍方法，又要针对不同于一般高校的个性化差异，在教学中突出因材施教的教育理念与教学原则。

因材施教，顾名思义，就是依据教育对象的实际，实施与教育对象相适应的教育。因材施教是我国古代的一条重要的教育教学原则，它最早是在春秋时期孔子兴办私学、教授诸生的实践中创立，距今已有2500多年的历史。孔子以后，这条教育原则被我国历代的教育家继承，并不断地发展完善。教育部部长袁贵仁在讲述中国教育梦时指出："有教无类、因材施教、终身学习、人人成才，就是中国教育梦。"[①] 由此可见，直到今天，因材施

---

① 袁贵仁谈中国教育梦，新华网 http：//news.xinhuanet.com/edu/2013－03/08/c_124430748.htm.

教仍然有极强的生命力，还在教育教学实践中广泛运用。这种跨越两千多年而不衰的教育历程，深刻地说明因材施教反映和体现了教育教学自身的客观规律。

教育的核心任务是促进学生自由而全面地发展，个性化是当前教育的重大发展趋势，艺术院校思想政治理论课教学遵循因材施教的理念原则是符合和适应教育个性化的发展趋势，有助于实现教育教学从传统到现代的转型。艺术院校思想政治理论课教学遵循因材施教的教育理念与教学原则，就是从艺术院校的特殊性出发，依据艺术院校学生的个性化特征和思想行为现状，有针对性地开展不同于一般高校的思想政治理论课教学，合理地调整教学的模式、方法与内容进度，最大程度地满足学生的自我发展需求和完成思想政治理论课教学任务。恪守因材施教的教育理念与教学原则，既是尊重教育教学客观规律，又是尊重艺术院校及其学生的特殊性，这对于提升艺术院校思想政治理论课教学的实效性具有重要的意义。

一、艺术院校思想政治理论课因材施教的现实基础

任何的教育教学要完成应然的任务、取得理想的效果，一定要从教育对象和教育环境的实际出发，否则教育教学的实效性就会不到位。因材施教的教育理念与教学原则，从字面上的含义理解，教师的"教"要适应学生的"学"，施教的前提是因材。从现实中来看，高校是一个多层次、广类型的高等教育系统，高校学生的知识基础、学习方式、思维特性、行为习惯等大有不同，这是构成"因材"的基础和变量。思想政治理论课在我国高校是分普通本科和高职高专两个层次开设的，在每个层次上形成了统一的教材、统一的教学大纲、统一的学分安排的"大一统"

局面,这是由思想政治理论课的本质和特性所决定的,是完全必要和应该肯定的,否则就会冲击和动摇国家主流意识形态的主导性和权威性。但是,这种高校思想政治理论课"大一统"的顶层设计,必须针对高校的不同层次和类型特点,面向学生的个性化特质,在教学中适应不同高校的特殊性以及学生的个性特征,因材施教地开展思想政治理论课教学。

在高校系统中,艺术院校在很大程度上是不同于普通高校的、极具艺术性的学科特色;艺术生与普通高校的学生相对比,在文化基础、思想行为、思维方式等方面具有明显的不同。艺术院校思想政治理论课因材施教的直接环境就是艺术院校,艺术院校思想政治理论课因材施教的直接对象就是艺术生。因此,艺术院校的特殊性和艺术生的个性化特质共同构成艺术院校思想政治理论课因材施教的现实基础。在与普通高校对比的参照下,艺术院校的特殊性和艺术生的个性化特质主要表现在以下几个方面:

第一,艺术学的学科规律,艺术院校的专业教学方式具有独特的艺术特色和方法体系。由于对艺术学的学科规律和专业特色认识不到位,艺术学的学科独立性没有完全确立,长期以来,艺术学是隶属于文学门类下的,算是被"托管"的学科。随着对专业特色认识的深入和学科规律的精确把握,我国在 2011 年已将原隶属于文学门类的一级学科艺术学,升格为新的独立学科门类,这对于艺术学是一件具有里程碑意义的大事,对于艺术院校的人才培养、学科建设和科研创作也是具有标志性的意义。艺术学升格为独立的学科门类,对艺术院校思想政治理论课教学也产生了重要影响。与其他的学科门类相比,艺术学的专业教学方式形成独具的特色和方法体系。如果说其他学科门类的人才培养类似具有工业化条件下"标准件"的生产特征,它的专业教学一般具备层次严谨的课程设置、规范统一的教学文本和以课堂讲解为主的教学手段。艺术学的教学方式与其他的学科门类具有明显的区别,其人才培养根本不同于工业化条件下"标准件"的生产,而体现出艺术特色和个性化的教学方式。"古今中外,我等前辈从业者无一例外的是师徒式传授,授知识、传技术,授家传、传衣钵……与理工人文类知识传授方式大相径庭。鲜有课本、教程、专著等文本文案用于课堂、用于画室、用于工作室、用于指导'动手'……就是这样的方式、这样的传承"。① 艺术院校专业教学方式的基本特征是教师与学生面对面式的小规模教学,以自我艺术创作为主要手段和方法。

第二,艺术院校学生的专业学习有特殊性,有很大的自由创作空间,突出个体的创造性。艺术院校专业课堂规模小、自我创作多、艺术实践多,专业学习主要靠模仿、领悟、感知、自学等方式,受先天性的个人素质影响较大。学生一般更注重艺术专业课程的学习而忽视思想政治理论课等公共文化课程的学习,艺术生与专业教师具有良好的师生关系,情感和心理相通相近,而与公共文化课程老师的关系淡薄、疏远一些。艺术院校学生对专业的期望值普遍很高,但仍有不少人处于学习上的困惑和迷茫状态,有的缺乏科学的学习方法,学习效率不高;有的因为专业素质问题,产生心理失衡,缺乏自信;有的家庭条件优越,因此努力学习的动力不足。因而高等艺术院校大学生既有学习特别认真刻苦、成绩特别优秀者,也有对学习的兴致不高、得过且过、敷衍学业的。

第三,艺术院校的学生个性突出,性格开放和生活感性。与普通高校的学生相比,在内在的气质修养和外在的行为表现上,艺术院校学生的个性更为突出。他们中的一部分人性格开朗活泼,善于人际交往,具有很强的表现意识和自我呈现的欲望;而一些人则不善言辞,显得特立独行或孤傲另类;还有少数学生在

---

① 吴玮:《版面设计》,贵州教育出版社2006年版。

学习和生活中常表现出情绪化或矛盾的心理状态,甚至出现心理障碍等问题。总之,艺术院校的学生具有时尚前卫的开放性格和感性化的生活态度这样的人格特点,他们在高校大学生整体中是比较特殊和另类,具有边缘人或边际人的特征。

第四,艺术院校学生的价值取向理性务实,个体需求高度市场化。艺术院校的学生价值取向凸显理性务实,重视自我专业技能与素质的提高和完善,更多地关注个体的发展、班集体情感认同和党团政治意识比较淡薄。随着社会主义市场经济的不断发展和完善,艺术院校学生的专业意识、职业意识和能力素质意识不断强化,围绕艺术学习与创作的非正式群体大量出现,如工作室、创作团队等。同时艺术生的心理生活需求趋向市场的功利化,世界观、人生观和价值观基本上适应和符合现代市场经济要求,但对社会、对人生的看法有很大的差异,仍需通过有效的教育给予正确引导。艺术院校大学生的课余时间较多,个体生活丰富多彩,且多以娱乐性、专业实践性、消费性的内容为主。总体上看,学生的经济实力和物质消费水平一般高于普通高校的大学生,在某种趋势上,甚至存在高消费和超前消费的现象,是高校中前卫时尚化、消费娱乐化的一个群体。

基于以上的分析可以看出,艺术院校的特殊性和艺术院校学生在思想政治现状和行为心理方面的个性化特征给艺术院校思想政治理论课教学提出了特殊的课题,这是艺术院校思想政治理论课教学因材施教的现实基础。一方面,艺术院校专业教学的特殊性以及大学生在思想认识、情感心理和专业学习等方面与普通高校有重大区别,那么,艺术院校思想政治理论课教学一定要关注和针对艺术院校的特殊性及其学生的个性化特质,在遵循高校思想政治理论课教学大规律的前提下,研究和探索艺术院校思想政治理论课教学的特殊规律;另一方面,作为大学生群体有机组成部分的艺术院校大学生,具有当代中国大学生所普遍具有的共同

特征,艺术院校思想政治理论课教学又必须遵循高校思想政治理论课教学的普遍原理和一般方法,即"大规律"主导和引领"小规律","小规律"服从和服务于"大规律"。

二、艺术院校思想政治理论课因材施教的理论基础

艺术院校的特殊性和艺术院校学生的个性化特质是艺术院校思想政治理论课教学因材施教的现实基础,这是基于受教育者的角度分析。除了现实基础之外,艺术院校思想政治理论课教学因材施教还有其理论基础。这个理论基础除了包括因材施教的一般教育原理之外,在艺术院校思想政治理论课教学中更直接、更显性就是思想政治理论课的本质特性与艺术院校学生的专业学习和创作以及个性化特质之间存在着一定的矛盾。这种矛盾的长期客观存在,严重制约和影响艺术院校思想政治理论课教学实效性的提升,也在一定程度上导致和造成艺术院校学生学习思想政治理论课的兴趣缺失和动力不足。艺术院校思想政治理论课教学困境的现状,是由于长期忽视研究和疏于探索艺术院校思想政治理论课教学的特殊规律,产生了"小规律"的理论空白,完全以普通高校思想政治理论课教学的一般原则与方法实践于艺术院校思想政治理论课教学,即"大规律"完全代替"小规律",形成了"大规律"越位和"小规律"缺位并存的局面。探究艺术院校思想政治理论课因材施教的理论基础,认清和把握高校思想政治理论课的本质特性与艺术院校学生的专业学习和创作以及个性化特质之间的矛盾,可以缓解大小规律越位与缺位并存的局面,为艺术院校思想政治理论课因材施教地开展教学提供明确、坚实的理论支撑。高校思想政治理论课的本质特性与艺术院校学生的专业学习和创作以及个性化特质之间的矛盾主要体现在以下几个

方面：

第一，艺术创作的自由表达与高校思想政治理论课的政治导向之间的矛盾。艺术学科门类与其他学科门类相比，自由性突出，规范性不足，这是艺术学科独特发展规律的体现。艺术生在艺术院校多年的专业学习与实践，最终的成果就是通过艺术创作凝结的艺术作品。艺术院校人才培养的根本目标是"德艺兼备"和"德艺双馨"的艺术人才，艺术创作能力培养和提升是艺术生专业学习和实践的主题。从理论的高层次上看，艺术创作指艺术工作者以一定的世界观为指导，运用一定的创作方法，通过对现实生活观察、体验、研究、分析、选择、加工、提炼生活素材，塑造艺术形象，创作艺术作品的创造性劳动。艺术创作是人类为自身审美需要而进行的精神生产活动，是一种独立的、纯粹的、高级形态的审美创造活动，自由表达是艺术创作的生命和魅力。高校思想政治理论课是艺术院校学生的必修课，具有明确的政治导向功能。在普遍的意义上，这种政治导向功能主要表现为促进大学生的政治认知深化和政治认同，逐步培养大学生具有明确的政治意识和政治原则性及政治敏锐性等，亦即现代社会公民所必需具备的政治素养。在艺术院校的特殊层面上，政治导向功能主要体现在规范和引领艺术生的艺术创作坚持为社会主义服务、为人民服务的方向。艺术创作的内在规律要求自由表达，而高校思想政治理论课的政治导向明确地指引艺术生艺术创作的规范性和服务方向。因此，自由与导向、自由表达与服务方向不可避免地产生内在紧张与冲突，客观上形成了艺术创作的自由表达与高校思想政治理论课的政治导向之间的矛盾。这一基本矛盾的存在，客观上要求艺术院校思想政治理论课因材施教地实施教学，在尊重艺术创作的内在规律的基础上实现思想政治理论课的政治导向功能。

第二，艺术生薄弱的文化基础与高校思想政治理论课深厚的

知识体系之间的矛盾。在高校系统中，艺术院校的选拔招生机制具有很强的自主性和独特性。与一般高校区别很大，艺术院校的选拔招生机制不是完全依据高考的文化分数，相反主要依据是艺术科目的专业分数。而艺术科目的决定权和评判权在各种类型不同的艺术院校，通常是艺术院校单独招考，而高考目前是全国统一，至少是全省统一进行的。艺术院校的选拔招生机制依据考生的综合成绩排序，以艺术科目的专业分数为主，以高考文化分数为辅，艺术科目的专业分数一般占60%～80%。这种招生方式无疑对专业出色的考生更加有利，相反对文化成绩优秀的考生不利。教育界常说"高考是一根指挥棒"，与普通高校不同的艺术院校特殊的选拔招生机制也是一根指挥棒，指引了艺术生持续地高度重视艺术专业的学习和临时突击地学习文化课程，以期望进入理想中的艺术高等院校。这种艺术院校的特殊选拔招生机制造成了艺术生学习文化课程的功利性和应付性，与普通高校的大学生相比，艺术生薄弱的文化基础是一种客观存在。高校思想政治理论课的知识体系是马克思列宁主义、毛泽东思想、中国特色社会主义理论体系，是在实践的基础上，以事实为根据，以规律为对象，通过对自然科学、社会科学和思维科学成果的准确概括，揭示自然、社会和人类思维发展的普遍规律，具有严密的逻辑性、思想方法的一贯性、主题概念和判断的科学性、理论论证的全面性和准确性，是我们改造社会最强大的思想武器。高校思想政治理论课深厚的知识体系决定了思想政治理论课具有知识传承的功能，但是思想政治理论课内容不可能涵盖全部人类知识，它主要向大学生传授政治知识、历史知识、道德知识和法制知识。实现高校思想政治理论课传授深厚知识体系的功能，客观上要求受教育者具备较高的文化基础，这与艺术生薄弱的文化基础产生内在的冲突和矛盾，造成现实中艺术生对思想政治理论课程的学习兴趣缺失和动力不足。

第三，艺术生的思维特性与高校思想政治理论课的理论特性之间的矛盾。在高校大学生群体中，艺术生思维特性的普遍特征是感性思维强于理性思维，形象思维重于逻辑思维，而一般大学生的思维特性却与此相反。艺术学科与其他学科存在重大的差异，学科专业的差异造就了受教育者思维方式的差异，艺术生的感性思维和形象思维能力强，但是理性思维和逻辑思维能力就比较弱。艺术的思维方式就是艺术家在创作过程中始终伴随着形象、直观、情感以及联想和想象，通过事物的个别特征去把握一般规律从而创作出艺术美的思维方式。艺术生在专业学习和创作过程中，主要运用感性思维和形象思维这两种思维方法，借助于感性直观形象反映生活，塑造艺术形象，表达作者的思想感情。高校思想政治理论课作为对大学生进行思想政治教育的主渠道，具备科学理论性和严密逻辑性。高校思想政治理论课的主体内容和核心是马克思主义理论和中国化马克思主义理论。马克思主义是科学世界观和方法论，是关于自然、社会和思维发展的普遍规律的学说，是由一系列的基本理论、基本观点和基本方法构成科学的完整的体系。马克思主义是一个逻辑严密的理论体系，哲学、政治经济学和科学社会主义，是马克思主义理论体系不可分割的三个主要组成部分。马克思主义的科学理论性和严密逻辑性决定了高校思想政治理论课的科学理论性和严密逻辑性，这是同一个问题的两个方面。高校思想政治理论课的课程体系与设置也体现了马克思主义理论的科学层次性和逻辑的严密性，主干内容各不相同的课程形成一个有机整体，系统地讲授了"什么是马克思主义"、"什么是中国化的马克思主义"、"怎样应用马克思主义"等基本问题。在艺术院校思想政治理论课教学过程中，作为受教育者的艺术生，感性思维强于理性思维、形象思维重于逻辑思维的思维特性与思想政治理论课的科学理论性和严密逻辑性构成一对现实的矛盾，产生内在的冲突和紧张。高效地开展思想政治理论课教学以及教学效果的达成,都有赖于受教育者较强的理性思维和逻辑思维,而艺术生的思维特性,无疑对艺术院校思想政治理论课教学的有效实施形成重大的障碍和挑战。

三、艺术院校思想政治理论课因材施教的实践路径

基于艺术院校的特殊性和艺术院校学生的个性化特质以及其与高校思想政治理论课本质特性的矛盾分析,艺术院校思想政治理论课恪守因材施教的教育理念与原则的根本路径在于教学过程中真心贴近学生、以教师为主导、以艺术生为主体,实现教学资源的艺术化、教学内容的时代化、教学方式的多样化和教学管理的规范化,把它打造成为艺术生"真心喜爱、终身受益、毕生难忘"的优秀课程。

1. 教学资源的艺术化

艺术院校的特殊性和艺术院校学生的个性化特质,决定了有着鲜明特征的艺术资源在艺术院校思想政治理论课教学中应该发挥重要的作用,这也是艺术院校思想政治理论课因材施教的特色性支撑。在艺术院校思想政治理论课教学中,艺术化的教学资源大致有以下几个方面:首先,马克思主义艺术理论和中国化马克思主义艺术理论。从理论组成部分来讲,马克思主义艺术理论和中国化马克思主义艺术理论分别就是马克思主义理论和中国化马克思主义理论的有机组成部分,也是艺术院校思想政治理论课的直接指导思想和内容。艺术院校思想政治理论课教学充分地运用马克思主义艺术理论和中国化马克思主义艺术理论,对于艺术院校学生的艺术创造从社会实际出发,关照历史,真实地反映生活的本质规律,具有重大的引领作用。其次,充分体现思想政治理

论课教学要求的艺术作品。在艺术院校思想政治理论课教学中,优秀的艺术作品能够发挥特殊的积极作用。由于知识结构和专业学习的相通性以及契合艺术生的思维方式,艺术院校学生对于艺术作品具有高度的情感共鸣和专业认同,艺术作品对于学生具有强烈的感染力和亲和力。艺术院校思想政治理论课教学要充分地尊重艺术生的个性化特质,将艺术作品充实和辅助教学内容,发挥艺术作品的育人功能,进一步提高和增强教学的实效。最后,具有强烈爱国意识和深厚历史地位的艺术大师。艺术大师从艺为人的经典事例充分体现了社会主义、集体主义和爱国主义的时代主旋律,高度适应思想政治理论课的教学要求。在艺术院校思想政治理论课教学中,发挥榜样典型引领的作用,艺术榜样的感染力量是巨大的,艺术院校学生普遍对艺术大师有景仰的心理特征和模仿的行为方式,运用艺术大师的生动事例来教育人、影响人,能够弘扬社会的正确价值取向,增强思想政治理论课教学的亲和力和实效性。

2. 教学内容的时代化

在艺术院校思想政治理论课教学内容上,紧密联系现实,增强教学的现实感和时代感。艺术生思想活跃,善于观察和接受新事物和新思想,比较关注国际国内重大事件,特别是文化艺术界的最新动态。思想政治理论课是一个严密完整的科学体系,要始终遵循关于学理论要精、要管用的思想,结合经济社会发展和学生实际需要进行教学。在教学内容的安排上要注意处理好以下几点:一是思想政治理论课是与现实联系最为紧密的课程,要处理好教材相对的稳定性和形势迅速发展的关系。坚持马克思主义基本原理与方法论,但是不能使其僵化,应该把思想政治理论课中的理论与迅速发展的经济社会形势结合起来。二要抓住重点、剖析难点、解答疑点,避免与中学知识的重复。高校思想政治理论课与中学的政治课在知识点上存在重复,但是高校课程应该从中学"是什么"的学习过渡到"为什么"的学习。在教学内容上不必做到面面俱到,只需以重点、难点为圆心对理论加以透彻、深入讲解。三要紧密联系时政热点,特别是文化艺术界的焦点事件,贴近现实、贴近艺术、贴近学生,关注重大现实问题和学生的思想实际,帮助学生在重大政治问题上明辨是非,增强思想政治理论课教学的针对性和现实感。

3. 教学方式的多样化

在经典的教育理论中,教学内容是核心,教学方式是载体,好的教学内容需要好的教学方式。在艺术院校思想政治理论课教学中,教师的教学手段要灵活多样,根据不同的教学内容设计不同的教学方案,并能够熟练地运用现代化教学手段,很好地来实现教学目的。在教学过程中,应该主要运用以下方式:第一,专题讲解。思想政治理论课的内容十分丰富,教材的内容又比较全面,并且部分内容与中学政治课有所重复,如果对每一章节平均用力,则很难突出重点。因此,在教学中不要对所有内容花同样的时间和精力,要有所取舍。教师精选专题进行精讲,从内涵和外延两个方面进行拓展,把专题讲解的重点内容讲深、讲透、讲活,突出重点,便于学生加深理解,能够灵活运用,真正达到教学目的。第二,主题发言与课堂讨论。这种方法高度符合艺术院校学生思想活跃、主动积极的个性特点,就是选择与课程有关的某一热点问题,分成不同的子题目,让学生根据自己的兴趣分成小组,收集资料,从不同的侧面对该问题进行探讨,最后由小组派代表在课堂上给老师和全班同学进行汇报,汇报形式可以多种多样,既可以是做成PPT由学生讲解,也可以是制作成视频给老师和学生播放,还可以编排成小品或通过组织辩论的形式来汇报。这种形式既能让艺术院校学生根据自己的兴趣对某一问题进行深入探讨,又能锻炼学生团队合作的精神,变被动学习为主动学习,让学生积极地参加到教学中来,深受学生的欢迎。每一次主题发言与课堂讨论,学生都非常踊跃,最后的小组汇报的形式也不断创新,很多汇报都是在热烈的掌声中结束。第三,合理运用视频资料。艺术院校学生由于感性思维强于理性思维,形象思维重于逻辑思维,对视听觉的印象深刻,因此在艺术院校思想政治理论课教学中,精心选取相关的视频资料来辅助教学,能够增强课堂的生动性,增加学生的感性认识,对于提高学生的学习兴趣是很有帮助的。视频资料有纪录片、故事片、理论片、音乐动漫等多种形式。在具体的运用上,有时是选用整部故事片或纪录片,看后教师及时点评或者要求学生写观后感;有时是在课前播放简短的片段,为讲课做铺垫,便于讲课中引述;有时是在讲课过程中播放片段,以增加学生对课程内容的理解,同时缓解长时间听课的疲劳;有时是在课后播放,使学生对所学的内容有更形象更直观的了解。各种视频资料的灵活运用既可以活跃课堂气氛,也能够很好地丰富教学内容,深受学生欢迎。第四,组织社会实践。社会实践教学是课堂教学的延伸,是深刻理解思想理论体系,巩固理论教学成果的重要环节。由于艺术院校的专业特性,与一般的高校相比,艺术院校的专业学习更加强调和突出走出校园的专业实践学习。这种艺术专业的特性,可以而且应该与思想政治教育课实践教学相结合,实现专业实践与社科实践的高度整合,取得良好的实践教学效益。这些社会实践活动增强了理论的说服力、感染力,增强了大学生对马克思主义理论的认同感。通过实践教学,学生逐步掌握运用马克思主义理论、立场与方法分析和解决现实问题的能力,感受到了理论知识的魅力;同时增长了学生的见识,增加了学生的社会阅历,学生的实践能力得到了很大的提高。

4. 教学管理上的规范化

由于艺术院校专业学习的高度自由化，所以艺术院校学生的组织性、纪律性意识普遍淡薄，缺乏自我规范和自我管理的主体意识。艺术生薄弱的文化基础和独特的思维个性，在进行思想政治理论课学习时普遍感觉难度较大和枯燥单调，在自我的层面难以形成持续、长久的学习兴趣和动力。从制度机制的方面看，由于艺术院校重艺轻文的选拔招生机制和高校思想政治理论课缺乏硬约束的现状，导致艺术生高度功利化地对待思想政治理论课的学习，伴随着这种习惯性思维和现实主义态度的扩展，肯定会对思想政治理论课教学产生不利的影响。艺术生对思想政治理论课的学习普遍不是自觉自为的理想状态，而是被动消极地应对。面对这一现状，艺术院校思想政治理论课教师要有自我管理和自我规范的意识，积极参加集体备课，认真撰写教案讲稿，按照统一的教学计划、统一的教学内容开展教学。教师要对学生严格要求，加强学生管理，以管理促进教学，以管理规范艺术生，不能放任学生的自由自为。同时，还要讲究管理艺术，做到原则性与灵活性的统一。建立信息反馈机制，经常深入学生中间，双向沟通。通过课前、课中、课后调查等方式了解学生对课程的掌握情况、关注的热点难点问题以及对教学方法的建议，及时调整教学内容和方法，真正做到以学生为本。

第二章 艺术院校思想政治理论课"一体两翼"教学模式

艺术院校思想政治理论课教学与普通院校有许多共性，但也有其独特的个性。在长期的教学实践中，笔者不断探索并逐步形成独具艺术院校特色的"一体两翼"教学模式，即：艺术院校思想政治理论课必须以思想政治教育为核心（"一体"），以人文素质教育为拓展，以艺术类思想政治教育资源为辅助（"两翼"），针对艺术生的特质进行教学。探索适合艺术院校思想政治理论课的"一体两翼"教学模式，对于进一步改进和加强艺术院校思想政治理论课教学，提高艺术院校思想政治理论课教学实效，培养全面发展、德艺双馨的复合型艺术人才具有重要意义。

一、艺术院校思想政治理论课须以思想政治教育为核心

高校思想政治理论课不是一般的理论课程，它是国家主流意识形态，是帮助大学生树立正确的世界观、人生观、价值观的重要途径，体现了社会主义大学的本质要求。因此，艺术院校思想政治理论课必须以思想政治教育为核心。对艺术院校学生进行思想政治理论教育，要坚持以理想信念教育为核心，以爱国主义教

育为重点,以思想道德建设为基础,以大学生全面发展为目标,培养全面发展、德艺双馨的复合型艺术人才。

(一) 以理想信念教育为核心,深入进行树立科学的世界观、人生观和价值观教育

艺术院校学生理想信念状况的主流是好的。但同时也要清醒地认识到,随着经济全球化进程的日益深入和我国市场经济的不断发展,各种文化思潮和价值观念冲击着艺术院校学生的思想,一些腐朽堕落的生活方式也侵蚀着他们的心灵,西方的人生观、价值观对他们的负面影响不可低估。一些同学不同程度地存在着理想信仰迷茫,价值取向扭曲,拜金主义、享乐主义、极端个人主义滋长。如在对马克思主义的认识上,有些学生认为马克思主义已经"没有说服力,完全过时了",还有的学生感到"说不清楚"。又如在艺术创作中,有些同学的作品不是反映社会主义主流价值,而是表现一些非常阴暗,甚至是黄色的东西。对于艺术院校学生理想信念、价值取向等方面出现的问题,我们既不能忽视,也不能回避,而要积极地、认真地应对,不断加强理想信念教育,把理想信念教育作为艺术院校学生思想政治教育的核心内容来规划,认真研究加强理想信念教育的方法,积极引导学生树立正确的世界观、人生观和价值观,引导他们创作出更多反映社会现实、体现社会主义核心价值体系的好作品。

(二) 以爱国主义教育为重点,深入进行培育和弘扬民族精神教育

艺术院校要从学生的实际出发,结合革命题材、爱国主义题材、社会主义题材和反映改革开放为主题的时代精神题材的艺术作品以及艺术家的人生事迹,深入开展中华民族优良传统和中国革命传统教育,培养当代大学生团结统一、爱好和平、勤劳勇

敢、自强不息的精神，增强他们的民族自尊心、自信心和自豪感。同时，要把民族精神教育与以改革创新为核心的时代精神教育有机统一起来，积极引导当代大学生在时代和社会发展中不断汲取精神营养，培养爱国情怀、改革精神和创新能力，使他们始终保持积极有为、昂扬奋进的精神状态。

（三）以基本道德规范为基础，深入进行公民道德教育

艺术院校学生崇尚个性，追求自由，这是无可厚非的。但一些学生自由散漫、个人至上，没有集体主义观念和团队协作以及勇于奉献的精神。还有些学生道德失范、诚信缺失。因此，对艺术院校学生进行公民道德教育十分必要。艺术院校思想政治理论课尤其是《思想道德修养与法律基础》课，要对学生广泛开展社会公德和职业道德教育，引导他们自觉遵守"爱国守法、明礼诚信、团结友善、勤俭自强、敬业奉献"的基本道德规范。

（四）以艺术院校学生全面发展为目标，深入进行素质教育

艺术院校学生往往重专业、轻文化，人文素质明显偏低，这与艺术院校培养全面发展、德艺双馨的复合型艺术人才的目标相背离。因此，在艺术院校实施以培养大学生思想道德素质和科学文化素质为重要目标的素质教育，是迎接经济全球化挑战，提高大学生竞争能力，培养全面发展、德艺双馨的复合型艺术人才的战略举措和必然选择。艺术院校要加强对大学生进行民主法制教育，增强他们的遵纪守法观念，养成良好的行为习惯。加强人文素质和科学精神教育，加强集体主义和团队协作精神教育，促进大学生思想道德素质、科学文化素质和专业素质协调发展，积极引导他们勤于学习、敢于创造、善于合作、勇于奉献，使他们成为全面发展的复合型艺术人才。

二、艺术院校思想政治理论课须以人文素质教育为拓展

对大学生进行思想政治教育,这是思想政治理论课最重要、最根本的功能,但不是唯一功能。在充分保障思想政治理论课主体教育功能的前提下,必须不断拓展思想政治理论课人文素质教育功能,最终夯实思想政治理论课教学基础,使之成为提高思想政治教育实效的重要"一翼"。

(一)拓展人文素质教育的必要性

1. 艺术院校学生人文素质的现状

艺术院校学生人文素质明显偏低已是不争的事实。2007年,我们在对美术院校不同专业、不同年级学生进行人文素质调研中发现,中国四大名著全读过的学生仅占学生总数的25%,有57.6%的学生不能完整地回答出世界三大宗教,有高达67.79%的学生不知道中国历史上"百家争鸣"发生在什么时期。2008年,我们在艺术院校、普通院校中,以包含文、史、哲、经、法、语言、审美等为内容的"大学生人文素质修养现状"问卷,进行了对比调查。调查结果显示:在普通高校,学生回答问卷的正确率为63.27%,而在美术院校,正确率只为54.5%,两者相差8.77%。以能否正确答"欲穷千里目,更上一层楼"诗句的作者是谁一题为例,普通高校的回答正确率为48.15%,美术院校则为4.91%,二者相差43.24%。

2. 现状的影响

首先,导致思政课教学的基础薄弱,使艺术院校思政课教学

较普通高校更困难，阻碍了学生艺德的提高。人文素质是思想政治教育的基础。由于艺术生人文素质明显偏低，在一定程度上影响着他们对深度理论的理解和把握，使艺术院校思政课教学更为困难，导致教育效果不理想，阻碍了学生艺德的提高。因此，拓展思政课人文素质教育功能，提升艺术生的人文素质，是夯实思政课教学基础、提高思政教育实效以达到提高学生艺德的重要途径。其次，导致艺术创作的根基薄弱，阻碍了学生艺术素养的提高。著名画家潘天寿说："三分画画，七分读书"，这位老艺术家非常看重人文素质在美术创作中的作用。人文素质是美术创新的起点和背景，是美术设计的灵感和源泉。只有具备较高的人文素质，才能创作出具有思想性和时代性的艺术作品。

因此，艺术院校拓展人文素质教育尤为重要。这不仅因为艺术院校学生人文素质相对偏低，有提高的必要和提升的空间；同时也因为人文素质对艺术生成长成才有着不可或缺的作用。

（二）拓展人文素质教育的可行性

拓展艺术院校思想政治理论课的人文素质教育功能，不仅具有必要性，同时也具有可行性。思想政治理论课教学与人文素质教育在"教育的目标、内容、途径等方面有许多相同或相通之处"①，思想政治理论课教学蕴含着人文素质的培养，在人文素质教育中起着重要的作用。

1. 思想政治理论课教学与人文素质教育在内容上有许多相融之处

目前，高校开设的思想政治理论课主要有：《马克思主义基

---

① 参见顾小静：《"两课"教学与人文素质教育的结合》，载《江苏高教》2003年第6期。

本原理概论》、《思想道德修养和法律基础》、《毛泽东思想和中国特色社会主义理论体系概论》和《中国近现代史纲要》。这四门课的内容涉及众多人文社会科学，如政治学、经济学、伦理学、历史学、哲学、法学、艺术和美学等。而人文素质教育主要是对学生进行人文知识教育和人文精神培养，其内容涵盖文学、哲学、艺术、法学、历史学、心理学、教育学、社会学和经济学等学科。因此，两者在内容上是相通、相融的。

2. 思想政治理论课教学与人文素质教育在目标上是基本一致的

思想政治理论课教学的主要目标是引导大学生树立科学的世界观、人生观和价值观，提高他们分析和解决问题的能力，培养高尚的理想情操和养成良好的道德品质。大学生人文素质教育的基本目标是通过人文知识的传授和教育，提高大学生的文化修养，培养其健全的人格、高尚的情操和人文精神，从而使大学生能够适应社会、立足社会，在社会中生存和发展。因此，两者在目标上是基本一致的。

3. 思想政治理论课教学与人文素质教育在功能上是相通的

思想政治理论课教学的功能在于"启迪思想、转化意识、塑造人格和指导行为"①。如帮助和引导大学生树立马克思主义的理想信念，使他们成为社会主义的"四有"新人；培养和提高大学生的哲学素养以及理论素养，使他们掌握马克思主义的立场、观点与方法，并运用其分析和解决实际问题；培养大学生具

---

① 参见徐东：《"两课"教学的人文素质教育功能探析》，载《盐城工学院学报》2005年第1期。

有良好的社会公德意识,增强道德情感和信念,提高他们的思想道德素质。而人文素质教育的功能体现在完善知识结构、提升文化品位和增强人性修养。如培养学生具有广博、深厚的人文知识,提高文化修养;培养学生高雅的气质和审美情趣,提高欣赏品位;培养学生良好的心理素质和高尚的道德品质以及人文精神,塑造完美人格。由此可见,二者在功能上是相互贯通的。

因此,思想政治理论课不仅是对大学生进行思想政治教育的主渠道和主阵地,也是大学生人文素质教育的重要途径。通过思政课教学,既可以帮助大学生掌握一定的政治、经济、法律、哲学、道德、历史、审美等方面的人文社会科学知识,增强他们的辩证思维能力,提高他们的思想政治素质和道德文化素质等;同时也可以培养大学生的社会责任感和顽强的意志、坚强的毅力以及坚持不懈的进取精神等,有利于他们形成坚强、进取、乐观、自信等良好的个性品质和心理素质,使他们能够应对社会急剧变化带来的挑战。

总之,思想政治理论课具有人文素质教育功能,艺术院校思政课须不断拓展人文素质教育功能,在思想政治教育中应积极融合以培养人文精神和引导学生如何做人为重点的人文素质教育,依托人文知识,促进大学生思想政治素质提高,并以大学生思想政治素质的提高引领其人文素质的全面提升,使艺术生人文素质偏低的状况得到不断改善。需要指出的是,拓展思想政治理论课人文素质教育功能,是指在思想政治教育中积极融合人文素质教育,不是以人文素质教育取代思想政治教育,也不是让思想政治教育为人文素质教育服务。不能喧宾夺主、本末倒置,过度强调思想政治理论课人文素质教育的功能,把思想政治理论课变成人文知识普及和传授的课堂,从而弱化思想政治教育的功能。

三、艺术院校思想政治理论课须以艺术类思想政治教育资源为辅助

著名画家凡高说:"艺术的内涵,是多么的美呵!"巴尔扎克说:"艺术乃德行的宝库。"席勒说:"政治上的改进要靠人格的高尚化,而人格的高尚化只能通过艺术。"这些精辟的论述,都充分说明了艺术教育与思想政治教育的共通性。以此为依据,我们努力寻找艺术教育与思想政治教育的最佳结合点,深入挖掘艺术作品的思想内涵,充分发挥其育人功能;认真研究艺术家的生平事迹,运用典型案例进行教学。从艺术院校的实际出发,充分利用艺术中的思政教育资源(包括艺术作品和艺术案例),是提高艺术院校思想政治理论课教学实效,培养德艺双馨的复合型艺术人才的必然选择。

(一) 深入挖掘艺术作品的思想内涵,发挥其育人功能

艺术是意识形态的重要组成部分,一个时代的艺术作品往往是这个时代社会意识形态的载体和形象体现,肩负着传播意识形态,引领社会风气的重任。社会主义艺术作品也不例外,它在我国社会发展各个阶段,都肩负着增强社会主义意识形态吸引力和凝聚力的光荣职责和神圣使命。而在新时期,艺术的重要功能是反映改革开放的时代脉搏,体现社会主义核心价值体系。

好的艺术作品往往能传播社会主义核心价值观,净化人的心灵,塑造人的品格。艺术作品是思想政治理论课教学的重要载体,挖掘和发挥其育人功能,是提高教学效果的重要手段。因此,我们根据思想政治理论课教学内容,精心选择与之相关的艺术作品作为切入点,展开别开生面的教学。首先,运用艺术作品

进行革命传统教育，如：结合潘鹤的雕塑《艰苦岁月》、黎明的雕塑《青年毛泽东》、李可染的国画《长征》、詹建俊的油画《狼牙山五壮士》、陈衍宁的油画《起义者》、陈珂田的版画《抗战》等作品，开展《纲要》课教学，对学生进行革命传统教育。其次，运用艺术作品进行爱国主义教育，如：结合关山月的国画《江山如此多娇》、李可染的国画《万山红遍》、董希文的油画《开国大典》以及王晖的《我的祖国——中华人民共和国成立四十周年颂》、《祖国——母亲！》等作品，开展《基础》课教学，对学生进行爱国主义教育。再次，运用艺术作品进行社会主义教育，如：结合杨之光的《一辈子第一回》、《矿山新兵》、《九八英雄颂》，王路的油画《百里浦江一片春》，梁照堂的油画《毛主席视察农机馆》等作品，开展《概论》课教学，对学生进行社会主义教育。又次，运用艺术作品进行改革开放的时代精神教育，如：结合潘鹤的雕塑《拓荒牛》、《启航》，孟禄丁的油画《在新时代——亚当夏娃的启示》等作品，对学生进行"改革创新和与时俱进"的时代精神教育。最后，运用艺术作品陶冶人的性情，培养人的气节，如结合扬无咎的《四梅图》、王冕的《墨梅图》、吴昌硕的菊、郑板桥的竹、李可染的《墨兰》、张大千的《高洁图》等作品开展道德教育，陶冶学生的性情，培养其高尚品格。

（二）认真研究艺术家的生平事迹，运用典型案例进行教学

古今中外德艺双馨的艺术大师，其艺术人生中蕴含了丰富的人生哲理与启示。我们根据学生对艺术大师的景仰甚至崇拜心理，认真研究艺术家的生平事迹，充分挖掘其中的思想政治教育素材，融入课堂教学，取得了良好的效果。

第一，利用艺术案例对学生进行世界观、人生观和价值观教

育,帮助他们树立正确的理想信念。理想信念教育是思想政治教育的核心内容。加强艺术院校学生理想信念教育不能靠空洞的说教,而必须结合学生的实际,通过艺术家的艺术人生,如"静水流深——方楚雄的艺术人生",对学生进行"三观"教育,引导他们树立正确的理想信念。

第二,利用艺术案例对学生进行爱国主义教育,培养他们的爱国情怀。古今中外许多著名的艺术家在他们的艺术生涯中表现出强烈的爱国情怀。如:宋末元初画家钱选"励志耻作黄金奴,老作画师头雪白",坚拒到元朝做官;王广义等人鉴于法国对北京2008年奥运会的抵制态度,决定退出2008年6月在法国巴黎马约尔美术馆的展览。他说:"我承认我是一个国家主义者,一个民族主义者!国家荣誉对我很重要。"我们将上述素材和案例融入爱国主义教育之中,激发了学生的爱国情怀。

第三,利用艺术案例对学生进行艺德教育,培养他们的社会责任感。在一些艺术生中,往往将艺德分离,重艺轻德,认为艺最高、艺最重,有艺即行。针对这一片面认识,我们将艺术家艺德人格方面的素材和案例融入课堂教学,对学生进行艺德教育。如广州美术学院老艺术家刘其敏,一生不求名不求利,生活异常拮据,却关注农村、农民,默默资助贫苦学生,慷慨向灾区捐款却从不留名。再如著名艺术家杨之光,向中国美术馆、广东美术馆、广州艺博院慷慨捐出1200多幅作品,当时价值1亿多元,而他女儿想收藏他的画也只能到市场上去买。这些艺术家淡泊名利、乐于助人、无私奉献的品德是对学生进行艺德教育,培养其社会责任感的极好素材,能够引起学生的强烈共鸣,从而达到教育的目的。

第四,利用艺术案例对学生进行挫折教育,增强他们应对挫折的能力。艺术家的人生道路和艺术道路并不总是一帆风顺的,往往充满曲折和坎坷。但艺术家没有在逆境中沉沦,在困难面前

退却,而是勇于面对、不断向前并战胜困难,最终取得艺术上的成功以及人生的成功。这种愈挫愈勇、百折不挠的精神和品格是对艺术生进行挫折教育,增强他们应对挫折的能力的极好素材。

第五,利用艺术案例对学生进行事业心教育,培养他们追求艺术、献身艺术的强烈事业心。古今中外许多著名的艺术家之所以取得成功,除了他们的艺术天赋外,很重要的一点是他们都有强烈的事业心,都有对艺术事业的执着追求。如法国的大画家雷诺阿,晚年得了关节炎,手扭曲抽筋,每画一笔,就会引起一阵剧痛,但他仍然坚持不辍。友人问他:"为什么这么痛苦,还要坚持画下去?"雷诺阿回答:"痛苦会过去,而美丽永存。"正是这种对艺术的执着追求,成就了他的艺术事业,最终他才成为大师级的画家。我们运用这些艺术案例对艺术生进行事业心教育,培养他们强烈的事业心,使他们成为有理想、有抱负、有追求的青年一代。

总之,艺术院校思政课必须牢牢抓住思想政治教育这一核心,紧紧围绕这一核心来展开,人文素质教育和艺术类思政教育资源服从并服务于这一核心。艺术院校思政课通过人文素质教育的拓展,提升艺术生的人文素质,提高他们对深度理论的理解和把握能力,从而提高思政教育实效;通过挖掘和利用艺术中的思政教育资源,创新思政课教学方法,使思政课教学更贴近学生,更能引起学生的共鸣,从而达到教育目的。

第三章 艺术作品教学法

所谓思想政治理论课艺术作品教学法即根据思想政治理论课教学内容,精心选择与之相关的艺术作品作为切入点,运用其进行《马克思主义基本原理概论》、《毛泽东思想和中国特色社会主义理论体系概论》、《中国近现代史纲要》、《思想道德修养与法律基础》教学,切实提高教学实效。故其既创新思想政治理论课教学,又辅助艺术教育,为艺术院校培养"德艺双馨"的复合型人才提供了新思路。

一、思想政治理论课艺术作品教学法实证分析

近年来,为把握艺术生的个性特质,探索艺术院校思想政治教育的特殊规律,创新其方法,提高其实效,我们进行了多次问卷调研。

2009年在广州美术学院、星海音乐学院、中山大学、华南理工大学等广州多所高校我们进行了包含文、史、哲、审美等为内容的"大学生人文素质修养现状"的对比问卷调查。调查结果显示:在普通高校,学生回答问卷的正确率为73.9%,在艺术院校却只为56.8%,相差17.1%。而对审美素质则相反,前者为54.9%,后者则为79.2%,相差24.3%。可见,与前者相

比，艺术院校学生的人文素质明显偏低，而相反，审美素质却明显偏高。

2010年，我们又进行包括心理特征、行为趋向等为主要内容的"大学生个性特征现状"的问卷，其中"你是否个性较强？"普通高校学生答"是"的为47.6%，而艺术生则为76.8%，二者相差29.2%，说明后者个性明显强过前者很多。而对"你是否喜爱数学？"艺术生答"是"的为16.6%，而对"你是否喜爱艺术？"则答"是"的为80.6%。由于数学主要依靠抽象思维，而艺术则趋向形象思维，可见艺术生明显存在形象思维强，抽象思维弱的特质。

2011年，我们又进行了"美术专业学生思想政治理论课因材施教现状"、"广州美术学院运用艺术作品教学法现状"的问卷调查，结果显示：渴望教师针对美术生的个性特质、专业特点因材施教的占76.1%，而老师能经常做到的仅占53.9%，说明在因材施教方面，美术院校存在忽略艺术特质、一刀切的倾向。而与此同时，很希望老师采用艺术作品教学法的占79.9%；不希望的占11.1%，无所谓的占23%。而教师能够经常这样做的则只占19.1%；有时这样做的占27.1%，很少这样做的占53.8%。可见，学生的期望与教师满足其需求之间存在很大差距。

通过对以上问卷分析得出以下几点结论：首先，与普通高校学生相比，艺术生具有如下几大特质：人文素质偏差、审美素质偏高、个性较强、抽象思维偏弱、形象思维较强，等等。正因为其人文素质偏差、个性较强、抽象思维较弱，导致其接受思想政治教育的能力较弱及主动学习的愿望不强，这也是较普通高校，其教育更为堪忧的重要原因。其次，艺术生审美素质则明显偏高，形象思维也明显较强；而艺术作品恰具有形象、生动、美感等特点，且为艺术生所熟知并喜爱，故其对教师借鉴艺术作品进

行思政教学有强烈的需求。总之，探索艺术作品教学法是艺术院校提高思政教学实效，突破教育困境的重要举措。

二、思想政治理论课艺术作品教学法理论与实践探索

艺术是意识形态的重要组成部分，一个时代的艺术作品往往是其意识形态的载体和形象体现，肩负着传播社会意识形态，引领社会风气的重任。在欧洲中世纪，基督教占统治地位，决定了当时社会生活方式和社会意识形态，艺术也不可避免地具有浓厚的宗教色彩，其最重要的功能是弘扬基督神学价值观，充当着上帝与教会的代言人。因此，也有人将中世纪艺术称为基督教艺术。相比之下文艺复兴的艺术有一个显著的特点：现实与人文。其大都围绕并体现这个主题，包括人的感观、人的信仰、人的性欲以及人的世界观；肩负着宣扬资产阶级人文精神和打破封建神权、封建禁欲主义的功能。虽然其仍多以宗教题材为主，但却是借宗教作为盾牌，弘扬资产阶级价值观，故是资产阶级意识形态的重要载体和形象体现。社会主义艺术作品也不例外，它是社会主义主流意识形态的重要体现，在新时期，其重要功能是反映改革开放的时代精神，弘扬并再现社会主义核心价值，捍卫其意识形态安全，即所谓"文艺为人民服务，为社会主义服务"①。

艺术与思想政治教育相通，艺术作品是思政教育的重要载体。巴尔扎克说："艺术乃德行的宝库。"这充分说明艺术与思想政治教育一样具备育人功能，艺术教育与思想政治教育是相通的。为此就须从艺术院校的实际出发，根据思想政治理论课教学

---

① 《文艺为人民服务，为社会主义服务》，载《人民日报》1980年7月6日。

内容，探索艺术作品教学法，挖掘与发挥其育人功能。

而当前的艺术热也为运用艺术作品教学法提供了良好的外部条件。当前创意经济方兴未艾，社会掀起一股艺术热、艺考热和艺术品投资热便是明证。这也为运用艺术作品教学法提供了有利的外部环境。

那么，具体如何运用艺术作品教学法进行思想政治理论课教学呢？

1. 借鉴艺术作品进行《马克思主义基本原理概论》教学

马克思主义指导思想是社会主义核心价值体系的灵魂；而《马克思主义基本原理概论》（以下简称《原理》）则肩负着帮助学生树立正确的世界观、价值观、人生观，并运用其正确分析问题和解决问题的重任，是马克思主义指导思想融入高校，融入学生头脑，融入国民教育和精神文明建设全过程的主渠道、主阵地。而艺术作品中蕴含丰富的"三观"教育素材，借鉴其进行《原理》教学，对提高教学实效，将马克思主义指导思想融入艺术生头脑有重要价值。如讲唯心主义时，可引用《圣经》中《耶稣》、廓庵禅师的《十牛图》，说明客观唯心主义与主观唯心主义的区别；讲意识的能动性时，可引用徐悲鸿的作品《愚公移山》，说明人可凭借能动性能动地改造世界；讲认识的产生时，可引用齐白石的作品《虾》和徐悲鸿的作品《马》，说明认识源自生活又高于生活；讲人民群众是历史的最终创造者时，可引用德拉克洛瓦的油画《自由引导人民》，说明人民群众在推动历史发展进程中的重要作用；讲杰出人物在历史紧要关头的作用时，可引用雅克·路易·大卫的油画《拿破仑越过圣贝尔纳山》、弗朗索瓦·热拉尔的油画《拿破仑在奥斯特里茨》，突出杰出人物在特定历史的转折关头可引领群众，起关键作用。

2. 借鉴艺术作品进行《毛泽东思想和中国特色社会主义理论体系概论》教学

中国特色社会主义共同理想是社会主义核心价值体系的主题。而《毛泽东思想和中国特色社会主义理论体系概论》（以下简称《概论》）课肩负着将其融入高校、融入艺术生头脑的重任。艺术作品中有大量反映和体现社会主义共同理想的作品，故借鉴其进行《概论》教学无疑为社会主义共同理想融入艺术生的头脑探索出新途径。如：讲新民主主义革命理论时，引用陈衍宁的油画《起义者》，再现白色恐怖时期，我党奋起反抗，武装夺取政权的历史，说明"枪杆子出政权"的道理；引用潘鹤的雕塑《艰苦岁月》，再现游击战争时期的艰难困苦，突出其中革命乐观主义的情怀；引用李可染的国画《长征》，再现红军官兵爬雪山、过草地的史诗，突出"红军不怕远征难"的气魄；引用安明阳、车永仁、张永典的油画《伟大的战略决策——毛泽东和朱总司令、周副主席在西柏坡》，再现历史转折关头的画面，说明毛泽东等我党高层掌控时势，及时实现战略重心转移的重大历史意义。引用陈逸飞、魏景山的油画《攻占总统府》，再现1949年中国共产党最终推翻国民党反动政权的历史一刻，说明其在解放全中国的重大意义。总之，通过以上作品使艺术生明白农村包围城市，武装夺取政权的重要价值。再如，讲社会主义革命和建设理论时，引用杨之光的国画《生命中的头一回》，再现人民翻身做主人的喜悦，说明社会主义革命的伟大意义。引用潘世新、蒋采萍的水粉画《农奴的女儿上大学》，讲述新中国的民族政策，突出中国共产党领导边疆各少数民族人民翻身得解放，走向社会主义新生活的重大成就；讲社会主义建设时，引用梁照堂、李醒韬、张蔼维的油画《毛主席视察农机馆》，杨之光的国画《矿山新兵》、《雪夜送饭》，王路的油画《百里浦江一片春》以及《东方红》、《社会主义好》、《草原上升起不落的太阳》、《红旗颂》等红色经典音乐作品进行社会主义教育,突出社会主义建设的伟大成就,讴歌社会主义好。总之,通过以上艺术作品,使学生明白社会主义革命的历史必然性,社会主义道路是各族人民的共同选择。

3. 借鉴艺术作品进行《中国近现代史纲要》教学

以爱国主义为核心的民族精神和以改革创新为核心的时代精神是社会主义核心价值体系的精髓。《中国近现代史纲要》恰好肩负将这种民族精神与时代精神融入高校、融入国民教育的使命。

以爱国主义为核心的民族精神是思想政治教育的重要内容,而许多红色经典艺术作品都蕴含爱国主义内涵,故借鉴其进行教学可大大提高艺术院校爱国主义教育实效。如:讲鸦片战争时,引用人民英雄纪念碑的浮雕《虎门销烟》,说明中华民族不可辱及勇于反对侵略的壮志豪情;讲百日维新时,引用罗奇的油画《公车上书》,突出维新志士忧国忧民,救亡图存的爱国精神;讲中国共产党诞生时,引用杨之光的代表作《激扬文字——青年毛泽东》或黎明的雕塑《青年毛泽东》,说明毛泽东等创党元老忧国忧民、勇挑重担的大无畏革命精神;讲全民抗战时,引用詹建俊的油画《狼牙山五壮士》、陈珂田的版画《抗战》,突出民族危亡时,中华儿女奋起反抗、勇于牺牲的气节。新中国成立以后,爱国主义与社会主义紧密联系在一起,应结合新中国成立以后的作品,如董希文的油画《开国大典》、王晖的水粉画《我的祖国——中华人民共和国成立四十周年颂》、中央美院版画战斗组的版画《打倒新沙皇》、张彤云的油画《祖国》、关山月的国画《江山如此多娇》、李可染的国画《万山红遍》、马常利的油画《秋歌》等美术作品,以及《黄河大合唱》、《南泥湾》、

《国际歌》、《没有共产党就没有新中国》、《松花江上》、《满江红》、《中华人民共和国国歌》、《我的中国心》、《英雄赞歌》等音乐作品对学生进行爱国主义教育。

以改革创新为核心的时代精神同样也是思想政治教育的重要内容。而新时期的艺术作品同样也蕴含大量反映这一主题的优秀作品，故运用其对艺术生进行这一时代精神教育无疑也是提高教学实效，使其融入艺术生头脑的重要举措。如：结合李秀实的油画作品《疾风》、程允贤的雕塑《邓小平胸像》、刘大为的国画《晚风》等美术名作以及《春天的故事》、《新时代》等音乐作品，再现改革开放的总设计师的光辉形象，歌颂一代伟人的丰功伟绩；结合王少伦的油画《1978年11月24日·小岗》，再现安徽小岗村农民"穷则变"的历史画面，突出人民群众在改革开放中的首创精神；结合潘鹤的雕塑《开荒牛——献给深圳特区》，说明改革之初深圳人脚踏实地、开拓进取的拓荒牛精神；结合李振飞的油画《春天的细雨》，突出当时"时间就是金钱"、"效率就是生命"的特区精神；结合孟禄丁的油画《在新时代——亚当夏娃的启示》，说明20世纪80年代广大青年所普遍具有的革新精神；结合李慕白、金雪塵的作品《女排夺魁》，说明新时期的拼搏精神；结合杨之光的作品《九八英雄颂》突出新时期人民军队为人民的主题；结合潘鹤、潘雷的雕塑《启航》，喻示广州这一改革开放前沿都市东西文化交汇的发展动力，突出"激情盛会，和谐亚运"的广州亚运精神。

总之，通过以上艺术作品，对学生进行了改革创新、与时俱进的时代精神教育，大大提高了教学实效。

4. 借鉴艺术作品进行《思想道德修养与法律基础》教学

社会主义荣辱观是社会主义核心价值体系的基础。以"八荣八耻"为主要内容的社会主义荣辱观，是与社会主义市场经济相适应、与社会主义法律规范相协调、与中华民族传统美德相承接的社会主义思想道德体系。而《思想道德修养与法律基础》则肩负着将这种荣辱观融入高校、融入国民教育的重任。而好的艺术作品本身就具有陶冶人的性情，培养其品格的功能。正如鲁迅强调：美术具备"辅翼道德"的目的和效果。[①] 故借鉴艺术作品进行《思想道德修养与法律基础》教学，无疑为如何提高其教学实效，将社会主义荣辱观融入艺术生头脑提供了新思路。故应结合扬无咎的《四梅图》、王冕的《墨梅图》、关山月的梅花、吴昌硕的菊、郑板桥的竹、李可染的《墨兰》、张大千的《高洁图》以及黎雄才的《松山飞瀑》、《江山如画》等美术作品以及《阳春白雪》、《高山流水》、《蓝色的多瑙河》、《青藏高原》等音乐名曲陶冶学生的性情，培养其高尚品格。

总之，通过以上具体举措，大大提高了思政教育的感染力，激发了学生的学习积极性。

三、思想政治理论课艺术作品教学法的启示与体会

（一）艺术作品教学法是个系统工程，须凝聚领导、老师、学生三方合力

1. 领导重视、主导

鉴于艺术院校或多或少存在重专业、轻人文，重艺术、轻思

---

① 鲁迅认为美术有三重目的和效果："表现文化"、"辅翼道德"、"救援经济"（发表于1913年2月《教育部编纂处月刊》之《拟播布美术意见书》）。

想政治教育的现状，没有校领导的重视和大力支持，艺术作品教学法教学创新将寸步难行。故校领导要在课程设计、人才整合、经费投入、职称评审等方面给予大力支持。具体说：第一，成立艺术作品教学法教研中心，作为专门机构，领导、协调、保障其正常运行。校主管领导兼任中心主任，将其纳入学校特色教学的重要一环，并提升到创新人才培养模式，培养"德艺双馨"的复合型人才的战略高度。第二，整合师资力量，加强师资培训。当前艺术作品教学法的重要困境是从事思政教育的常不懂艺术，从事艺术教育的常不懂也不屑思想政治教育，导致其在教学与科研时捉襟见肘。为此就须首先整合师资，以学校名义借调一些艺术史教师到其教研中心，并鼓励有志者转行从事思想政治教育教研，最终形成思想政治理论课教师、艺术专业教师搭配合理的教师结构，优势互补地从事其教研创新；并整合、鼓励二者从艺术学和思想政治教育交叉的视角，联合申报省部及国家级课题。其次，加强培训。充分利用艺术院校有利的艺术资源，加强对思想政治理论课教师的艺术素养培训，鼓励思想政治理论课教师攻读艺术学博士学位；同时引进一些艺术学的青年博士从事此项教研，并鼓励借调到中心的艺术教师攻读思想政治教育专业的博士学位，并在经济和职业规划上予以鼓励与倾斜，最终整合和培训一支能够融合艺术教育与思想政治教育的师资队伍，为其提供师资保障。最后，成立艺术作品教学法专项基金。校领导要亲自带头、主持艺术作品教学法教研；并成立专项资金，在课题研究、精品课程建设、师资培训等各个环节给予充足经费支持。

2. 教师全心投入

领导重视是艺术作品教学法教学创新的重要保障，但真正落实的关键还在于任课教师，任何一个教学方法的创新，多源自任课教师的教学实践，是其教学心血的结晶，故探索艺术作品教学法，没有任课教师全身心投入肯定行不通。首先，各任课教师要转变观念，充分认识其重要意义：它不但是创新思想政治理论课教学，提高其教学实效的需要，同样也是创新人才培养模式，培养"德艺双馨"的复合型人才的需要。其次，认真备课。思想政治教育专业出身的教师应着力于加强艺术史的学习，而艺术专业出身的教师则多加强马列原著的学习，从而能得心应手地备好课。最后，加强科研。将艺术作品教学法的感性经验上升到理论，并从思想政治教育与艺术学交叉融合的视角探讨其必要性、可行性及具体举措，最终为兄弟艺术院校思想政治教育提供有益参考。总之，思想政治理论课教师与艺术教师应取长补短，优势互补，为探索艺术作品教学法做出多方面的有益尝试。

3. 学生积极参与

采用艺术作品教学法，光有领导重视和教师投入尚不够，还须学生积极参与、配合。毕竟任何一种教学方法创新，只有落实到学生的学才能见效。故应积极鼓励学生组织如"红色经典艺术作品"兴趣学习小组等社团，同时引导其自觉以艺术作品表现思政教育内容，弘扬主旋律，等等。

（二）探索艺术作品教学法须采用"三个结合"举措

1. 思想政治理论课与专业课结合

当前，艺术院校或多或少存在专业教育与思想政治教育相分离，甚至相对立的现状。其实思想政治教育不仅仅是思想政治理论课教师的责任，也是专业教师的责任，毕竟"德艺双馨"是二者的共同使命，故探索艺术作品教学法须实现思想政治理论课与专业课结合。

首先，在思想政治理论课中强化艺术作品教学法。一方面借

鉴《长征》、《九八英雄颂》等美术作品及《黄河大合唱》、《南泥湾》、《国际歌》、《没有共产党就没有新中国》、《松花江上》、《满江红》、《中华人民共和国国歌》、《我的中国心》、《英雄赞歌》等音乐作品,讲授《原理》、《纲要》、《概论》课,借鉴梅、兰、竹、菊等美术作品讲授《基础》课。

其次,也在专业课教学中突出艺术作品教学法。在艺术史和艺术理论教学中,如讲八大山人的画时点出其实寄托着心怀故国的家国情仇;讲郑板桥的竹时则强调是其品格高洁,关心民间疾苦的写照;等等。

2. 必修课与选修课结合

一方面借鉴红色经典等艺术作品讲授《纲要》等必修课。另一方面开设一些艺术与思想政治教育交叉相通的选修课。仅仅在必修课借鉴艺术作品进行思想政治理论课教学尚不够,因为受教学大纲限制,教师很难不受限制地、自如地发挥其育人功能。故还须开设如《艺术人生》、《艺术哲学》、《马克思主义艺术学》、《红色经典艺术作品选辑》等选修课,作为补充和延伸。尤其如《红色经典艺术作品选辑》,教师可挥洒自如地借鉴《狼牙山五壮士》、《起义者》等美术作品进行思想政治教育,为艺术院校思想政治理论课教学注入新力量。

3. 课内与课外结合

借鉴艺术作品进行思想政治教育首先应立足课内教学,充分利用必修课和选修课;同时还须借鉴课外资源做补充。应充分利用艺术院校艺术资源丰富的优势,在课外借鉴艺术作品,提高思想政治教育的实效。如组织学生参加艺术沙龙、艺术展等活动,使其潜移默化地接受艺术作品熏陶,提高思想境界。尤其须指出,各离休艺术大师,是艺术院校的宝贵资源,其艺术生涯中蕴

含了丰富的艺术哲理与人生启示。故根据艺术生对其景仰甚至崇拜心理，聘请其来校进行艺术人生讲座，既传承艺术，又熏陶艺德。并借此机会录制《艺术人生》，汇编《艺术名人名言选录》，作为课内教学的辅助，同时也以此和兄弟艺术院校在思想政治教育方面实现资源共享，扩大艺术院校艺术作品教学法的影响。

（三）探索艺术作品教学法须处理好三个方面的关系

采用艺术作品教学法还须处理好艺术教育与思想政治教育的关系，并引导学生处理好艺与德、知与行的关系。

1. 艺术教育与思想政治教育的关系

艺术院校或多或少存在思想政治教育与艺术教育相分离甚至对立的倾向。故探索艺术作品教学法时应正确处理二者关系，一方面，二者不可分割，共同服务于培养"德艺双馨"的复合型人才这一终极目标；但另一方面，确又各有主次，在思想政治理论课中，以德为主，以艺为辅，艺术作品为思想政治教育服务。在艺术教育中，以艺为主，却可能以德为魂。故在讲艺时要注重点出艺术作品背后的思想政治教育内涵，如讲潘鹤的雕塑《艰苦岁月》时不忘点出其反映的是琼崖游击队在极端困苦中所表现出的革命乐观主义情怀，《拓荒牛》则是改革开放之初深圳人开拓进取精神的缩影。最终使学生明白：许多经典艺术其实和思想政治教育密不可分，其不朽的重要原因多是反映时代精神，弘扬当时的主流价值。如此既提高思想政治教育效果，又提升艺术教育境界。

2. 艺与德的关系

在某些艺术生中存在重艺轻德，有艺即行的观点。故在采用艺术作品教学法时须引导学生正确处理艺与德的关系。一方面，艺术院校乃专业院校,其专业——艺术确实重要,要鼓励学生学好专业,决不能因自己是搞思想政治教育的就说艺术不重要;另一方面,又要借鉴艺术作品说明德同样很重要,有时甚至更重要。如可以郑板桥的画——竹,徐悲鸿的画——马等经典艺术作品为例,说明其之所以不朽重要因素就在艺如其人、艺德高尚,最终使学生明白:思想政治理论课学习很重要,职业生涯是否成功不单取决于专业素质,有时更取决于道德素质。如此就可以化解学生对思想政治教育的反感,提高其学习积极性,实现德与艺的融合,最终促使其"德艺双馨"。

3. 知与行的关系

当前,借鉴艺术作品进行思政教育的最大困境是不能把老师所教、学生所学落实到学生的艺术创作和生活实践中去。故运用艺术作品教学法的成败,主要不在知,而在行。为此要加强艺德与践行的研究,尤其是探索其力行的具体途径。同时鼓励学生牢记"双为"方针,服务所在社区,丰富所在社区的精神生活;服务边远农村,到贫困山区从事艺术支教活动。而对于接受国家和社会捐助的学生,则教育其以行动感恩,积极参与"感恩作品"的创作,① 为社会慈善尽微薄之力。同时还鼓励学生多创作健康向上,弘扬主旋律的美术作品,为社会主义精神文明建设贡献心力,等等。最终使艺术作品教学法所宣扬的育人精神由知转为行,实现艺德与践行完美结合。

总之,如何突破当前思政教学育人效果不甚理想的困境是新时期艺术院校亟待解决的难题。艺术生普遍存在重艺术、轻人文,强形象思维、弱抽象思维的特质,而艺术作品蕴含着丰富的

---

① 广州美术学院每年一届的《祝福祖国、感恩祖国——广州美院受助学生感恩作品汇报展选集》即是落实艺德与践行的结晶。

思想政治教育内容，且生动形象，为艺术生熟悉并喜爱，故探索艺术作品教学法，是提高其思政教学实效的重要举措。为此就须对其进行实证分析和实践探索，借鉴艺术作品进行《原理》、《概论》、《纲要》、《基础》教学；并总结出三大启示与体会：凝聚领导、教师、学生三方合力，采用思政课与专业课、必修课与选修课、课内与课外三个结合举措，处理好思政教育与美术教育、德与艺、知与行三者关系，既创新思政课教学，又辅助美术教育，为培养"德艺双馨"的复合型人才提供新思路。

第四章 艺术案例教学法

"案例教学法是教师根据教学目标和内容的需要,通过设置一个具体的教学案例,引导学生参与分析、讨论、表达等活动,让学生在具体的问题情境中积极思考、主动探索,以培养学生综合能力的一种教学方法。"[①] 案例教学法起源于古希腊罗马时代的苏格拉底问题式教学法,在课堂上的真正应用始于20世纪初的美国哈佛大学医学院和法学院,20世纪80年代被引入我国后,在管理学、医学、法学等不同领域得到应用并深受学生欢迎,在教育界被公认为较先进的教学手段。目前,许多高校思政课教师为了加强思想政治教育的实效性,提高学生的学习兴趣,开始尝试在思政课中引入案例教学法,利用案例教学的针对性、灵活性、互动性和启发性等特征,促进学生积极分析和思考问题,主动参与课堂教学,从而提高思政课的效果。可以说,案例教学法已越来越受到思政课教师的推崇和大学生的欢迎,成为思政课教师进行教学改革的一个重要方面。但目前对于思政课案例教学的研究尚停留在针对所有高校学生的共性探索,忽略了针对不同院校、专业学生的个性特点的研究。如何将思政课案例教学细化、具体化,是一个非常重要的研究方向。艺术案例教学法针

[①] 郑金洲:《案例教学:教师专业发展的新途径》,载《教育理论与实践》2002年第7期。

对艺术专业学生的个性特点,探讨案例教学法在艺术院校思想政治理论课中的实施和运用,这对于推进高等艺术院校思想政治理论课的教育思想和教学方法的全面改革,提高艺术院校思想政治教育的针对性和实效性具有重要的意义。

一、运用艺术案例进行思想政治理论课教学的必要性

艺术案例教学法是利用艺术生对艺术大师的景仰甚至崇拜心理,认真研究艺术家的生平事迹,充分挖掘其中的思想政治教育素材,将其世界观、人生观、价值观、爱国主义精神、艺德人格等方面的案例,融入课堂教学,从而提高教学实效。思政课艺术案例教学法针对艺术院校的实际,采用与艺术生专业相关的实例,要求学生综合运用所学的理论、所掌握的方法分析案例,在探讨和分析问题中掌握基本理论和知识,是提高艺术院校思政课教学实效的一种行之有效的方法。

长期以来,高校思想政治理论课的内容陈旧,事例雷同,没有新鲜感,缺乏针对性;教学形式呆板、僵化,单调枯燥的理论"灌输"和说教,使学生对思想政治理论失去兴趣,甚至感到厌烦。现在随着多媒体等教学手段的运用及教学改革的深入,这种状况有所改变。但缺乏针对性和实效性,没有考虑到学生的专业特点和兴趣,导致学生厌学甚至逃课,这仍然是目前高校思政课教学存在的一个普遍问题,这一问题在专业性较强的艺术院校表现得尤为突出。"大学思想政治理论课教学现状"调查问卷显示:在普通高校对思想政治理论课有厌学情绪的学生达32.6%,有过逃课经历的达36.6%,而美术院校则分别为46.8%与52.8%,都约高一成半,这说明相对于普通高校,美术院校思想政治理论课教学现状更为堪忧。随后,我们又进行了"美术专

业学生思想政治理论课因材施教现状"、"广州美术学院思想政治理论课教学方法创新现状"的问卷调查,结果显示:渴望教师针对美术生的个性特质、专业特点因材施教的占76.1%,而老师能经常做到的仅占33.9%,说明在因材施教方面,美术院校存在忽略艺术生特质的一刀切倾向。而与此同时,学生很希望老师采用艺术案例教学法的占77.3%;不希望的则占9.9%,无所谓的为12.8%。而教师能够经常运用艺术案例教学法的只占22.3%;有时这样做的则占33.3%,很少这样做的占44.4%,可见学生的期望与老师满足其期望之间有很大落差,教与学之间存在着一定矛盾。要从根本上解决这些问题,就必须改善教学环境,充实教学内容,改革教学手段,改变教学评价方式等来全面提升政治理论课的教学质量。其中,根据艺术院校的专业特点和学生的实际情况运用艺术案例教学,改革教学手段是极为重要的一个方面和环节。因此,运用艺术案例教学法是当前增强艺术院校思政课教学针对性和实效性的客观要求,对教学实践具有重要的指导意义。

1. 有利于激发学生的兴趣,增强思想政治教育的针对性和实效性

不同专业背景的学生都有其不同的知识兴趣点,而艺术院校的学生对与艺术相关的思想政治教育材料显然兴趣更浓一些。运用艺术案例法,将艺术案例渗透到思政课教学中,向学生介绍和讲解与其专业紧密相关的艺术案例,学生不再感到思政课与自己的专业和今后的发展毫无关系,而是通过其熟悉并感兴趣的艺术案例的分析和讨论,能够解答自己人生中可能遇到的一些问题,从而吸引学生的注意力,促使他们积极主动地思考问题,激发其学习的热情与兴趣。在调查问卷中,当问到"你认为当前美术院校思政课教学的最大问题是什么"时,有50%的学生选择了

"与美术专业联系不紧密"。实践证明,只有做到针对不同院校、专业学生的实际情况选择运用不同的案例开展教学,才能真正激发学生主动思考问题、积极参与课堂教学的热情,切实增强思想政治教育的针对性和实效性。

2. 有利于培养学生分析和解决实际问题的能力,提高学生的综合素质

传统教学法强调以教师讲授思想政治理论的基本原理、基本概念为主,比较注重理论的系统介绍和讲解,而忽视学生主动参与性、互动性的发挥,造成学生在课堂上只是被动地接受知识,不利于提高学生分析和解决实际问题的能力,培养的学生往往是高分低能。这种弊端在专业性鲜明的艺术院校表现得尤为明显。艺术院校普遍重艺术、轻人文,重专业技能训练、轻思想道德素质培养。与普通高校学生相比,艺术生的特点是思想更活跃、个性更突出、创造性更强,但文化基础比较薄弱,综合素质有待提高;他们感性思维较为丰富,而理性思维有所欠缺,因而对那种抽象的理论灌输毫无兴趣,甚至反感。艺术案例教学法能够把抽象的理论具体化和感性化,让学生有一种身临其境的感觉,这更符合艺术生的思维特点,因而也更容易为他们所接受。同时,艺术案例教学以尊重艺术生的个性和创造性为前提,学生在老师的引导下对所提供的艺术案例进行思考分析、讨论交流、归纳总结,更加注重的是通过学生自己的独立思考去分析和解答问题,变被动接受为主动参与。与传统的理论教学方法不同,艺术案例教学法是一种教学模式和方法上的创新,它改变了以往教师讲、学生听的单一理论灌输模式,实现了由注入式教学向师生互动交流的参与式、启发式教学的转化,有利于发挥艺术生思想活跃等优势,消除他们对思想政治教育的抵触情绪,促进师生之间信息和情感的交流互

动,调动学生的积极性、主动性,培养学生分析和解决实际问题的能力,提高学生的综合素质。

3. 有利于提高教师自身的综合素质和业务水平,提高教学质量

实施艺术案例教学对思政课教师提出了更高的要求:既要求教师具有深厚的马克思主义理论功底,又要求教师具备丰富的艺术方面的知识素养;既要求教师深刻理解思想政治理论课教学内容,把握教学目的和宗旨,又要求教师努力探索艺术案例教学法的一般规律,真正理解艺术案例教学法的真谛,不断提高教学案例的编写能力和实施艺术案例教学的组织能力。显然,这会促使教师不断学习,努力提高自身的综合素质与业务水平,从而提高教学质量。

总之,实施艺术案例教学,能把抽象的理论转换成具体生动的艺术事例即艺术案例,引导学生在案例中学到理论、掌握理论,自觉地运用理论去分析与解决现实生活中的各种问题,既能满足大学生参与需求,又能更进一步地提高他们的理论水平。同时,由于从艺术的角度和视点切入思想政治理论教育,避免了强制、灌输、说教式且单调、呆板、枯燥无味的思想教育模式,增强了艺术性和趣味性,"随风潜入夜,润物细无声。"使学生潜移默化,受到教育。因此,运用艺术案例教学,将艺术案例渗透到思想政治理论课的教学中,不仅可以丰富课堂教学内容,满足学生在这方面知识上的渴求,扩大其知识面,提高其学习兴趣,同时也可以使教学形式和手段更加丰富多彩,充分调动学生的综合思维能力和学习潜力,培养学生的创造性思维、创新能力和实践能力,增强思想政治理论课教学的实效性。

二、运用艺术案例进行思想政治理论课教学的可行性

古今中外德艺双馨的艺术大师,其艺术人生中蕴含了丰富的人生哲理与启示,折射着崇高理想、坚定信念、爱国情操的光芒,是对艺术生进行理想信念、爱国主义和艺德人格等教育的鲜活教材,使大学生在寓教于乐中受到润物细无声的熏陶和影响。我们根据学生对艺术大师的景仰心理和崇拜行为,认真研究艺术家的生平事迹,充分挖掘其中的思想政治教育素材,将其世界观、人生观、价值观、爱国主义精神、艺德人格等方面的素材和案例融入课堂教学,通过一个个鲜活生动的事例、可信可敬的模范榜样,更好地引导和激励广大艺术学子成长成才,取得了良好的教学效果。例如,在对学生进行"三观"教育时,笔者没有进行空洞的理论说教,而是结合艺术生的实际,播放"静水流深——方楚雄的艺术人生"视频并开展讨论,通过艺术家的艺术探索真谛与勤奋人生传奇潜移默化地影响教育学生,引导学生树立正确的信念,达到"三观"教育的目的。在对学生进行爱国主义教育时,笔者没有仅仅停留在理论的讲解上,而是将艺术家爱国主义的素材和案例融入课堂教学中,极大地激发了学生的爱国情怀。如爱国文艺工作者陈晓南,抗日战争期间,他不顾个人安危,不畏艰险曾两次自愿赴抗日前线访问作画与写作,做了许多有意义的工作;抗日战争胜利前夕,为了争取日军投降,他应聘到美国援华抗日盟军总部做敌对宣传工作;在英国留学期间,他怀着对祖国的深深思念,创作了中国画《塞北健儿塞马图》,参加了第14届奥林匹克运动会举办的画展,获得了荣誉奖;新中国刚成立,他应徐悲鸿先生的邀请,立即回国在中央美术学院筹建铜版画工作室,为新中国培养美术人才,表达了他对

祖国一片赤诚的爱国之心。在对学生进行艺德教育时，笔者将艺术家艺德人格方面的素材和案例融入课堂教学，培养学生的社会责任感。如我国当代著名油画家、美术教育家靳尚谊先生，他把自己最好的作品有目的地捐给国家美术馆和一些地方美术馆，2009年靳尚谊先生向中国美术馆集中捐赠了39幅作品，使中国美术馆所藏的靳尚谊作品形成一个充分的系列。靳先生说："一个艺术家最好的作品应该留在美术馆，捐赠才是艺术品最好的文化归宿。"再如岭南画派代表性人物关山月从来都不卖自己的画，他把画都捐给国家了。目前，关山月的大部分作品都收藏在深圳的关山月美术馆，共有800多件套，如果按照市场价格，可能有几十亿元。正因为关山月不卖画，其作品才得以完整保留，才能让后人进行系统研究。在对学生进行理想教育时，笔者也没有空洞的说教，而是运用艺术案例，如我国著名画家齐白石，他一生作画70多年，从27岁一直画到上百岁。在他几十年的绘画生涯中，大概只有两次没有作画，一次63岁时，他得了一场大病，人事不知七昼夜，作不了画；还有一次，其母病故，他非常伤心，那天也没有画画。到85岁，齐白石有一天心血来潮，一下子作了四幅画，到快吃午饭时，还不停笔，又画了一张，并在上面题词："昨日大风雨，心绪不宁，不曾作画，今朝制此补充之，不叫一日闲过也。"不让每一天闲过，天天他都在画画，最后他才成为大师级的著名画家。笔者运用这些艺术案例对艺术生进行理想教育，培养艺术生强烈的事业心，使他们成为有理想、有抱负、有追求的青年一代。

运用艺术案例进行思政课教学不仅具有理论上的可行性，实践证明也是可行的。在调查问卷中，当问到"你认为当前美术院校思政课教学的最大问题是什么"时，有32.1%的学生选择了"单一片面的理论灌输"，有50%的学生选择了"与美术专业联系不紧密"；当问到"你认为思政课艺术案例教学有什么作用"的时候，有29.4%的同学选择了"能更好地理解课本中的知识"和"能弥补理论知识的枯燥"，有22.1%的同学选择了"能活跃课堂气氛"。可见，艺术院校的学生对传统的"文本解读式"的理论教育是难以接受的，他们看不到书本中的理论知识与自己的艺术专业和今后的艺术发展有什么必然的联系，他们更希望课堂上能够有一些自己熟悉并感兴趣的艺术领域的内容，能够有效地指导自己今后的艺术人生。而艺术案例教学对他们而言，是一种行之有效的教学方法，它不仅让学生通过真实典型的艺术案例对课本中的理论有更好的理解和把握，更能推动教师与学生之间的交流互动，在生动、活泼的课堂气氛中完成对理论的吸收。正如美国著名的教育家杜威所说："在仅是教科书和教师才有发言权的时候，那发展智慧和性格的学习并不会发生，不管学生的经验背景在某一时期是如何贫乏和微薄，只有当他有机会从其经验中做出一点贡献的时候，他才真正受到了教育，最后启发是从教授关系中，从经验和观念的交流中得到的。"[①]

三、艺术案例教学法在思想政治理论课中的实施和运用

艺术案例教学作为实现艺术院校思政课教学目的与功能的重要教学手段，对于进一步增强艺术院校思政课教学实效性无疑起到了积极作用。那么，在思想政治理论课中如何实施艺术案例教学法呢？笔者认为，艺术案例教学法的使用应遵循以下五个步骤。即：

---

① 杜威：《教育论著选》，华东师范大学出版社1981年版。

1. 精心选择恰当的艺术案例

在艺术案例教学过程中,可供教师选择的艺术案例比较多,教师必须课前对艺术案例进行认真阅读、反复比较、精心挑选。教师应紧紧围绕教学内容,选取具有较强针对性的艺术案例。既要针对教学内容的重点和难点,又要针对学生们普遍关注的社会热点、难点问题,还要针对不同专业学生的思维水平和知识状况实际,避免"千人一面"。例如,美术史专业学生文化基础较好,教学中可侧重选择理论性较强、难度较大的美术文化方面的案例;雕塑专业学生可侧重选择与雕塑相关的案例;音乐专业的学生可侧重选择与音乐相关的案例;中国画专业的学生可侧重选择中国美术史方面的案例;油画专业的学生可侧重选择西方美术史方面的案例,等等。此外,教师选取的艺术案例要具有一定的典型性、思想性、启发性和趣味性,既能引起学生关注,又能启发学生思考。为此,教师要在选取艺术案例上下功夫,要多花时间和精力阅读古今中外艺术方面的书籍,尤其是德艺双馨的艺术家的传记,了解艺术家的生平事迹,挖掘和积累思想政治教育素材。同时,思想政治理论课教师还要积极投身社会实践,获取大量真实、具体而生动的第一手材料,丰富和充实课堂教学内容。

2. 灵活运用多样化的方式呈现艺术案例

艺术案例的呈现方式在一定程度上影响着学生对其关注度。同一艺术案例采用不同的呈现方式其效果大不相同。艺术案例教学的呈现方式多种多样,可以是老师口头讲述让学生思考分析,也可以利用现代的多媒体技术播放相关视频资料,还可以是文本方式呈现出来,然后引导学生进行讨论。但大多数学生比较喜欢视频案例教学(占63%)的方式,因为它更直观、形象、生动、具体,与艺术生的思维特点相契合,故更为艺术生所接受和喜爱。

3. 认真设置需要讨论的问题

在艺术案例教学过程中如何设置要讨论和解决的问题,这是艺术案例教学过程中的重要环节。问题的设置既要体现教学目的,又能激发学生的兴趣,要将艺术案例的内容与相应的政治理论联系起来,适于引导学生深入思考和讨论。因此,教师应在认真、反复阅读案例材料的基础上,提出一系列相互关联的问题。问题要具有一定的层次性,即由易到难、由远及近、由表及里、由个别到一般,一步步把讨论引向深入。

4. 积极引导学生开展课堂讨论

案例讨论是艺术案例教学的核心,也是艺术案例教学能否成功的关键。在这一环节,教师应做好组织、协调、启发和引导的工作。首先,教师要积极为学生营造宽松、和谐、民主、平等的讨论氛围,让学生消除顾虑、踊跃参与、畅所欲言,充分表达自己的观点和意见。如果没有学生主动发言,教师可点名让学生在其引导下回答问题。其次,教师要充分发挥启发和引导作用。在艺术案例讨论过程中,学生往往停留在案例本身就事论事,很难将艺术案例的内容与课本上的相关原理联系起来,对问题的分析上升不到一定的理论高度,有时候甚至偏离主题。因此,教师要善于抓住时机,启发和引导学生运用课本上的相关理论分析和解决问题,紧紧围绕中心问题积极发言,牢牢地掌握案例讨论的方向。

5. 及时做好课后点评总结

教师对案例讨论情况进行及时的点评总结是艺术案例教学的最后一环,也是艺术案例教学目标得以实现的有效保证。课后点评非常重要,它不仅能及时地指出讨论过程中出现的问题并加以纠正,使学生获得正确的观念;更为重要的是它能从一定的理论高度将学生讨论中获得的结论加以提炼和深化,使学生获得系统的认识,以加深对理论的理解,从而实现思想政治理论课对大学生进行世界观、人生观、价值观教育的目的。在点评过程中,教师不仅应注意语言要精练、论据要充分,还应尽量做到全面、客观、准确,既要充分肯定学生在案例讨论中取得的成绩,也要明确指出存在的问题,指明学生今后努力的方向。

四、运用艺术案例教学法需要妥善处理好"四个关系"

艺术案例教学法的实施为高等艺术学院校思想政治理论课的教学提供了一个新的选择,要想取得艺术案例教学的最大实效,必须妥善处理好如下"四个关系":

1. 妥善处理好案例教学法与其他教学方法的关系

任何一种教学方法都有其局限性,艺术案例教学法也不例外。在高等艺术院校思政课教学中,艺术案例教学法虽然可以激发学生的学习兴趣,发挥学生在教学活动中的主体作用,但它不利于学生系统地掌握基本理论知识。因此,引入艺术案例教学法进思想政治教育课堂,并不排斥其他的教学方法。恰恰相反,在运用艺术案例教学法的同时,还需要结合其他的教学方法。比如,与传统教学中的系统讲授法相结合,增强理论教学的系统性、完整性;与多媒体辅助教学法相结合,增强教学的生动性、形象性和直观性;打破按教材章、节、目讲授的传统做法,将教材内容设计成"专题",再按"专题"选编艺术案例并组织教学,将艺术案例教学法与专题授课法相结合,增强教学的针对性。实践证明,艺术案例教学与其他教学方式可以互相弥补、互相融合,在艺术案例教学中必须合理地选择多种适宜的教学方法并进行优化组合、综合应用。这样既可以提高思想政治教育的针对性、实效性,又能保证大学生思想政治教育的系统性、完整性,有利于教学目标的实现。

2. 妥善处理好教师的主导作用和学生的主体作用的关系

艺术案例教学要顺利展开并取得实效,必须既要发挥教师的主导作用,又要发挥学生的主体作用。首先,在艺术案例教学中,教师要充分发挥作为组织者、指导者的主导作用。要充分调动学生的积极性和主动性,不断激发学生参与讨论的热情,努力为学生营造一个平等、民主、宽松、和谐的交流氛围,启发和引导学生积极思考并围绕中心问题踊跃发言,把握案例讨论的方向。其次,在艺术案例教学中,还要充分发挥学生的主体作用。教师必须率先转变观念,主动把课堂"还给"学生,在艺术案例教学中始终坚持以学生为中心,发挥学生的主体作用。学生自身也要转变观念,变被动接受为主动学习,积极查询相关资料,认真分析艺术案例,踊跃参与课堂讨论,敢于发表不同意见,通过课堂讨论中不同观点的碰撞与交锋发现隐含在艺术案例中的基本理论,寻找正确解决问题的方案,真正体现自己的主体作用。

3. 妥善处理好思想政治理论课教材与教学案例的关系

在实施艺术案例教学的过程中,教师和学生共同面临和需要解决一个问题:教材到底有什么作用,运用艺术案例教学是不是就可以摆脱教材"自由发挥"?艺术案例教学不是不需要教材,恰恰相反,必须遵循教材、以教材为蓝本。目前,高校思想政治理论课使用的是马克思主义理论研究和建设工程重点教材——思想政治理论课统编教材。该教材是由国内高水平专家统一编写,具有科学性、知识性、系统性等特点。可以说，思想政治理论课教材是教师教学和学生学习的基本依据。在艺术案例教学过程中，教师必须妥善处理好教材与教学案例的关系。有的老师由于对教材内容缺乏深刻理解和把握，从而导致选择的艺术案例与教材内容严重脱节；还有的老师用案例代替教材，在教学时间和教学内容上过分注重艺术案例的讲解和运用，而忽视教材基本理论的讲授，严重影响教学效果。教师只有吃透教材、遵循教材，才能准确地理解与把握思想政治理论课的基本内容，编写、选择与教材内容高度契合的艺术案例供学生思考、分析与讨论。既不能脱离教材编写和运用教学案例，又不能用教学案例代替教材。

4. 妥善处理好思想性、教育性与趣味性、娱乐性的关系

在整个艺术案例教学过程中，教师都要妥善处理好思想性、教育性与趣味性、娱乐性的关系，片面追求趣味性、娱乐性，缺乏一定的思想性；或者只考虑思想性、教育性，没有趣味性，都是不可取的。无论是艺术案例的选择，还是艺术案例的讨论和点评，教师都要注意思想性、教育性与趣味性、娱乐性的统一。调查显示，对于教学案例的性质，艺术院校有高达72%的学生希望是"思想性、教育性与趣味性、娱乐性的统一"。毋庸置疑，艺术生"喜欢案例教学的灵活有趣，但他们并不认为在课堂上聊过就算，而是真心希望能从中吸收知识，受到教育"。[①] 教师不能为了吸引和取悦学生，在艺术案例的选择上过于强调趣味性、娱乐性，而缺乏思想性、教育性。也不能以例代理，"一些教师为了渲染教学效果，吸引学生的注意力，往往以例代理，在教学时间和教学内容上过分注重案例的讲解和运用，而轻视理论

---

① 陈文豪：《音乐院校思想政治理论课案例教学研究》，载《忻州师范学院学报》2010年第6期。

的教授，结果往往是课堂气氛不错，学生情绪高涨，娱乐效果好，但对于理论知识的掌握难以科学、系统而全面"。[①] 艺术案例教学只有做到思想性、教育性与趣味性、娱乐性的统一，才能真正满足艺术生的需要，引起他们的心理共鸣，从而实现思想政治教育的目的。

总之，艺术案例教学是一种全新的教学法，把它引入艺术院校思想政治理论课课堂可以弥补传统教学存在的不足，丰富思想政治理论课教学内容和组织形式，进而提高艺术院校思想政治理论课的教学实效。

---

① 张丽萍：《案例教学在高校思想政治理论课教学运用中的反思》，载《法制与社会》2009年第8期。

第五章 传统文化教学法

中共中央、国务院颁发了《关于加强和改进大学生思想政治教育的意见》,为高校在新时期做好思想政治工作指明了方向和任务。艺术院校如何与普通高校一样,以理想信念教育为核心,以爱国主义教育为重点,以思想道德建设为基础,以大学生全面发展为目标,坚持以人为本,努力做好大学生思想政治工作,培养德智体美全面发展的社会主义建设者和接班人,是我们亟待探讨的新课题。中华传统文化是中华民族在生息繁衍中创造、发展的,具有鲜明的民族特色、历史传统并深远影响整个民族的共同心理状态、思维方式和价值取向等精神成果的总和,包括文史哲,涉及宗教、艺术、伦理、礼仪等人文素质方面的内容。其中儒家文化是其主线,同时又兼容道、法、墨等诸子百家之长。传统文化蕴含着丰富的思想政治教育的内容与方法,对国人有潜移默化的深远影响。故运用它进行思想政治教育,无疑既创新了思想政治理论课教学,提高其教学实效,同时又传承传统文化,提高了学生的人文素养。

所谓艺术院校思想政治理论课传统文化教学法即针对艺术生文化基础薄弱,个性特质较强的现状,充分利用传统文化扎根民族土壤,对人有潜移默化的影响,且与艺术相通等优点,借鉴其进行思想政治理论课教学,切实提高教学实效。它是艺术院校思想政治理论课教学方法创新的重要举措。

一、当前艺术院校思想政治教育的现状及其原因

（一）当前艺术院校思想政治教育的现状

改革开放以来，高等院校特别是艺术院校学生的思想政治现状有如下几个特点：一是"以我为中心"的倾向比较明显；二是"拜金主义"倾向似愈演愈烈；三是社会心理还不成熟，常常自相矛盾。某些大学生不同程度地存在着政治信仰迷茫、理想信念模糊、价值取向扭曲、诚信意识淡薄、社会责任感缺乏、艰苦奋斗精神淡化、团结协作观念较差、心理素质欠佳等问题。艺术院校的学生又有其特殊性，普遍文化素质较差，对许多问题认识模糊，误把散漫当浪漫，把怪诞当创新，把时髦当时尚，甚至有不少同学认为自由散漫是艺术家的天性，严格管理是扼杀他们的艺术天赋；更有甚者，某些学生不懂得起码的文明礼貌，不遵守基本的校纪校规。这也说明当前艺术院校思想政治教育存在着一些不可忽视的问题：一是教育目标大而空，二是教育方法缺乏对症下药、有的放矢，三是教育主客体错位，途径单一。这就难免造成当前思想政治教育育人效果不甚理想。

（二）当前艺术院校思想政治教育现状的原因

当前艺术院校思想政治教育不甚理想的原因是多方面的，首先，社会大气候原因：改革开放以来，随着计划经济向市场经济转轨，利益格局多元化和思想多元化是大势所趋，再加上对毛泽东时代政治挂帅，过分强调思想政治教育的逆反心理，故许多人不关心政治，甚至漠视思想政治教育，这种大气候也影响艺术院校的小气候。其次，艺术院校小气候原因：艺术院校或多或少存

在重艺术、轻艺德，重专业技能训练、忽视思想道德素质培养等错误倾向；且艺术生较普通高校学生往往思想更为活跃、散漫，对非专业课的思想政治教育排斥感更强。最后，许多从事思想政治理论课教学的教师未能很好运用传统文化进行教学方法创新，提高课程的思想性和趣味性，吸引学生听课，这也是当前思想政治教育效果不甚理想的重要原因。

但当前艺术院校思想政治教育不甚理想的深层原因归根结底还在于马克思主义中国化过程中尚需要进一步和中国传统文化融合。

二、当前艺术院校探索传统文化教学法的必要性与可行性

（一）当前艺术院校探索传统文化教学法的必要性

1. 马克思主义与传统文化融合是当前思想政治教育的必然选择

马克思主义和中国传统文化的融合是马克思主义中国化的必然选择。我们常说的马克思主义中国化即将马克思主义和中国革命与建设的实际情况相结合。而只有和中国传统文化融合，马克思主义才能内化到我们民族精神世界中去成为指导我们安身立命的精神支柱。佛教作为一种外来文化为什么能完全中国化，并成为国人安身立命的依据之一，就在于能和中国传统文化尤其是儒道文化融合，最终产生中国化的佛教的重要宗派——禅宗。佛教中国化的成功经验启示我们：马克思主义作为外来文化，要实现中国化，绝不能只和中国革命和建设实践结合就完事，它最终必须和中国传统文化融合，才能全面真正中国化，才能在国人内心

深处落地生根,并深远影响其精神世界。

具体来说,马克思主义中国化的主要内容就是马克思主义和中国传统文化中的"内圣外王"思想融合。马克思主义作为一种政治批判哲学,对早期资本主义罪恶进行了无情揭露和批判,对未来社会也进行了美好的构想,故用中国哲学术语说它主要是指导工人阶级如何"治国、平天下"的学说。今天党和国家一直重视思想政治教育,并取得可喜成果,但其如何真正内化成绝大多数人的信仰,贯彻到生活、工作实践中去,依然任重道远。如:某些人入党并不是因为信仰共产主义,而是为了升官发财;极个别领导可以在公开场合大谈马克思主义,但私下连他们自己都不相信,或者无法说服自己相信,这也是其会信"法轮功",信王林的重要原因。而中国传统文化历来强调"修、齐、治、平",认为通过"修身"可达到"治国、平天下",故"内圣"和"外王"、做人与做事是贯通的;而且还摸索出"慎独"、"诚"、"敬"等一系列修身方法,最终使儒学成为人们的内心信仰,并贯彻到生活实践中去,这对今天思想政治教育有重要启示。

2. 艺术生的特点和思想政治教育现状更是迫切呼唤运用传统文化进行思想政治教育方法创新

与普通高校学生相比,艺术生的特点是生活较散漫,个性较强,有创新意识,故对那种僵化性、说教性的思想政治教育较反感,这也是艺术院校思想政治教育效果不甚理想的重要原因。而传统文化源远流长,对国民有潜移默化的深远影响,且其"内圣外王"之道,融于生活小事之中,恰可避免当前思想政治教育的僵化性、说教性。比如孔子强调"己所不欲,勿施于人",作为处理人际关系的基本原则它并非什么大道理,却有普世价值,易于为艺术生接受;再如"穷则独善其身,达则兼顾天下",以及儒家的从爱亲开始,推及爱邻居,再推及爱天下人的"推爱"精神也都是因应人性,浅显而能引起艺术生共鸣。不像今天某些教育那样泛而空,最终使其育人功能大打折扣。

(二) 当前艺术院校探索传统文化教学法的可行性

1. 传统文化的育人内容与当前思想政治教育内容相通

中共中央、国务院在《关于进一步加强和改进大学生思想政治教育的意见》中指出,加强和改进大学生思想政治教育的主要任务有:一是以理想信念教育为核心,深入进行树立正确的世界观、人生观和价值观教育。二是以爱国主义教育为重点,深入进行弘扬和培育民族精神教育。三是以基本道德规范为基础,深入进行公民道德教育。四是以大学生全面发展为目标,深入进行素质教育,促进大学生思想道德素质、科学文化素质和身体素质协调发展。而传统文化的育人内容与以上四点相通。

(1) 儒家历来以坚持理想信念见长,《礼记》中的大同理想与共产主义信仰何其相通,而孔子、孟子、康有为等仁人志士为追求理想殚精竭虑,也一再激励共产党人为共产主义理想奋斗终生。另外,古老的五行说、王充的元气说、张载的气论等唯物论、儒家乐天知命、"达则兼顾天下,穷则独善其身"、"人人为我,我为人人"的人生观以及"义利合一"、"义以生利"的价值观等对艺术院校提高"三观"教育的说服力也大有益处。

(2) 爱国主义一直是中国传统文化的核心,从孔子所倡导的不可去父母之邦,到董仲舒的"大一统"思想,再到顾炎武的"天下兴亡,匹夫有责"(《日知录·正始》);从屈原到岳飞再到邓世昌被万人景仰;再从秦桧到汪精卫被万世唾弃。这些简显道理和生动事例,是对厌烦说教、重感性的艺术生弘扬爱国主义精神的绝好素材。

（3）中国哲学的主流是伦理哲学，以儒家为代表的传统文化非常重视道德教育，孔子曾提出"己所不欲，勿施于人"的道德原则，具有普世价值。更可贵的是儒家一再强调知行合一，注重道德实践，并为此做出了一系列的探索。其中《弟子规》就是一部非常好的道德行为规范，对今天公民道德教育依然有很好的借鉴意义。在东莞市一次大型人才招聘会上，某传媒公司开出18万元的年薪聘请一名客户总监，其招聘要求第一条是：熟背《弟子规》。其总经理赵其兴一语道破"天机"：目前还找不到一本书像《弟子规》那样能有效规范员工的行为举止。作为广州美院教师，笔者自己也在课前十分钟要求学生熟读《弟子规》，引起很大反响。可见，传统文化对当前深入进行公民道德教育大有益处。

（4）传统文化包括文史哲，涉及宗教、艺术、伦理、礼仪等人文素质方面的内容，当前艺术院校学生人文素质欠缺的重要原因是对传统文化无知，因此运用传统文化进行思想政治教学方法创新，也是深入进行素质教育，促进大学生全面协调发展的必然要求。尤其是传统文化中的身心和谐与心性修养思想对当前大学生的心理健康有重要帮助。

2. 当前艺术院校运用传统文化教学法，创新教学存在一系列有利条件

首先，取其精华、弃其糟粕，传统文化中很多育人内容和方法依然能为今天的思想政治教育所借鉴。儒家作为封建社会的意识形态，曾对国人成功进行思想政治教育：通过科举制，使士人儒家化；并通过"君子德风"、"小人德草"、上行下效等方式影响民间，进而使全民儒家化；而且能因应国民性，把家与国、忠与孝结合，把"内圣"与"外王"、做人与做事结合，产生很好的教育效果；且注重启蒙教育，《三字经》、《弟子规》就是当时

很好的启蒙教材，在民间产生深远影响。再如，传统文化扎根民族土壤，对人有潜移默化影响，故其育人内容和方法也易于为艺术生接受。

其次，当前的传统文化热也为运用传统文化进行思想政治教学方法创新提供了良好的外部条件。随着中国国力复兴，传统文化越来越热，如易中天的《品三国》，于丹的《〈论语〉心得》、《〈庄子〉心得》引起国人共鸣，掀起了一股国学热。所以乘此东风，运用传统文化进行思想政治理论课教学方法创新是可行的。

最后，艺术与传统文化相通也为运用传统文化进行思想政治教学方法创新提供了有利的内部条件。艺术属于文化，传统文化是艺术创新的源泉。例如，国画本身就是传统文化领域的奇葩；民乐、民歌则是传统文化的结晶；且传统文化还是设计的灵感和源泉。由于传统文化与艺术的这种关系，因此我们运用传统文化进行思想政治教育易于为艺术生接受。

三、当前艺术院校探索传统文化教学法，创新教学的具体对策与措施

如何探索传统文化教学法，创新艺术院校思想政治理论课教学方法呢？须运用"五个结合"手段，解决"四个结合"问题。

（一）实现"五个结合"

1. 学校扶持与学生自发组织结合

当前某些艺术院校表面重视思想政治教育，实际不甚重视。且相对综合性院校，艺术生传统文化基础薄弱，人文素养欠缺，故要探索传统文化教学法，创新其教学方法，就必须得到学校大

力扶持。但单靠学校扶持显然是不够的，没有学生自发组织，广泛参与，积极配合，任何方法创新都无法奏效，因为在教与学这对矛盾中，学生的学是内因，教师的教只是外因，无论何种教学方法创新都须通过学生的学才能产生良好效果。

2. 课内与课外结合

探索传统文化教学法，创新其教学方法，必须坚持课内与课外相结合。课内教学应采取灵活多样的授课模式，可在选修课甚至某些必修课，例如，《思想道德修养与法律基础》等课前十分钟进行读经活动，内容有《论语》、《三字经》、《弟子规》，同样还可穿插视频教学，如于丹的《〈论语〉心得》，这样就把教学的原则性和灵活性，思想性和趣味性结合起来了，既普及国学，又潜移默化地进行了道德教育，还不至于引起学生反感。

课外方面，要充分利用网络对课内教学进行补充，把教学的课件挂到网上，便于全校师生课后学习交流，还可在网上开设读书栏目，指导学生有选择地精读一些国学经典，同时师生也可在网上互动交流，释疑解难。另外，艺术院校还要充分利用采风、写生机会较多，跟社会实践联系较多的有利良机，在社会这个第二课堂对学生进行传统文化及思想政治教育，这种实地考查、生动活泼的教育，其效果是那种干瘪瘪的课堂说教无法比拟的。

广州美术学院在坚持课内与课外结合方面做了有益探索，在坚持传统的课堂教学的同时，组织学生到莫高窟等文化圣地、韶关等革命老区写生，这既是专业学习，同样也是一次次生动的传统文化学习与思想政治教育。

3. 思想政治理论课与专业课结合

当前艺术院校的教学中存在专业课与思想政治课分离的趋势，专业教师通常只管专业教学，思想政治教育似乎与其无关，甚至极个别专业教师或明或暗抵制、排斥思想政治教育。艺术生大多崇拜专业教师，专业教师的一句话，有时超过思想政治理论课教师一堂课，以致思想政治理论课教师费大力气向学生输导的一些道理，经他们几句牢骚就烟消云散。其实艺术教育与思想政治教育、做人与做事息息相关，没有艺德怎能成为艺术大师？不会做人，又怎能做事？具体来说比如一个设计师设计能力很强，做人却很差，会有很大的发展前途吗？

在此必须纠正这样一个错误观点：思想政治教育是思想政治理论课教师和辅导员的责任，与专业教师无关。希望广大专业课教师充分认识到思想政治教育的重要性，和思想政治理论课教师配合，一道肩负起思想政治教育的重任。

4. 必修课与选修课结合

思想政治理论课作为高校的必修课，某些学生有厌学情绪，艺术院校也不例外。故运用传统文化进行思想政治教育，是改变这种现状的重要突破口。但单靠在思想政治理论课上进行这种创新，显然还不足以扭转这种不利局面，因为教师在创新中还受到教学大纲限制，很难不受限制地、自如地发挥传统文化的育人功能。故借助当前传统文化热，开设传统文化的选修课就成了弥补这种不足的明智选择，这样教师便可以系统全面自如地把传统文化中的育人智慧教给学生。

广州美院思政部坚持必修课与选修课结合，对运用传统文化进行思想政治教育进行了有益探索：例如，运用中国哲学讲授《马克思主义哲学原理》，运用儒家伦理讲授《思想道德修养》，都取得可喜成效。此外，还先后开设了《中国管理哲学》、《道家与道教》等多门国学选修课，把"内圣"与"外王"结合起来，为艺术院校的思想政治教育注入一股新力量。

5. 校内摸索与校外交流结合

艺术院校既有一般高校的共性又有它独特的个性，艺术生创造力强，重专业、轻人文，生活散漫，不太关心政治，对思想政治教育有厌学情绪，因此，照搬综合性院校思想政治教育模式恐怕行不通。故艺术院校应立足本校实际，针对艺术生的特点，运用传统文化进行思想政治教育方法创新；同时要走出去，和其他高校交流，学习和借鉴其他高校传统文化教育、思想政治教育方面好的经验。

多年来广州美院思想政治教育在坚持校内摸索的同时，积极与校外交流。如和中山大学等高校在教学方面实现了一定程度上的资源共享，曾组织学生去中山大学听名师国学讲座，同时我校"传统文化协会"也和该校哲学系学生进行多次联谊。这一切都是前所未有，既普及了国学知识，又进行了思想政治教育，引起了较大反响。

（二）解决四个"结合"问题

1. 艺术、传统文化、思想政治教育三者结合

如何使艺术与思想政治结合，培养新时期的又红又专的艺术人才是当前艺术院校亟待解决的难题。但遗憾的是当前艺术院校或多或少存在二者分离的趋势，某些搞艺术的不懂、不搞甚至排斥思想政治教育；搞思想政治教育的人大多非搞艺术出身，不懂艺术，对某些专业教师及艺术生排斥思想政治教育的倾向往往无能为力。但艺术与传统文化息息相关，某些专业教师与艺术生可能排斥思想政治教育，但大凡并不排斥传统文化；随着国学热兴起，很多甚至推崇传统文化，包括其中的很多做人的道理，而传统文化中"内圣外王"思想与今天的思想政治教育内容又一脉

相承，并能产生异曲同工之妙。故传统文化可为当前某些艺术院校如何扭转艺术与思想政治教育分离的趋势，探索如何培养又红又专的艺术人才提供有益启示。

笔者在教《中国管理哲学》课时把传统文化中"修、齐、治、平"思想与当前的思想政治教育结合，并运用它去指导今天的设计管理，学生很快明白了个人"修身"与事业成败及国家兴亡的关系，不知不觉地实现了艺术、传统文化、思想政治教育三者结合，取得令人欣慰的效果。

2. 传统与现代结合

传统文化是精华与糟粕并存，比如，三纲五常、愚忠愚孝已不可取，但忠贞、孝道在新时期依然有当代价值，"己所不欲，勿施于人"依然有普世价值，既要反对食古不化、复古主义，又要反对全盘否定、历史虚无主义。传统文化要面向现代化，其道德教育要面向今天的思想政治教育，这样才能古为今用。

与此同时，当前的思想政治教育也必须扎根于传统文化的土壤，否则就是无源之水、无本之木，故其也存在一个借鉴传统文化中优秀的育人内容和方法问题，也存在着一个传承与创新问题。

可见，传统文化的育人思想和今天思想政治教育都面临着一个传统与现代的问题。为进一步加强和改进艺术院校大学生思想政治教育就得重新审视我国传统文化与当前思想政治教育的结合问题，探索传统与现代结合的有效途径。

3. 知与行结合

当前，高校思想政治教育的最大困境是很难把老师所教、学生所学落到学生的学习、生活实践中去。故探索传统文化教学法，创新其教学方法的成败，主要不在知，而在行，关键在学生是否能知行结合,把所学落实到现实生活和学习实践,以及未来的工作实践。中国传统的知行观历来主张道德认知与道德践行统一,尤其强调道德践行,反对说一套,做一套。朱熹说:"论先后,知为先,论轻重,行为重。"(《语类》卷九)而曾国藩则通过每日写日记不断反省的方式,把道德认知贯彻日常的道德践行中。故艺术院校的思想政治教育绝不能仅停留在知、在书本阶段,必须落实到行,落实到实践中去,要在实践中磨砺品格。艺术院校可组织大学生下乡慰问演出、外出采风、外出写生,使学生的道德认知贯彻到实践中去,同时在实践中进一步磨砺品格,加深了解民情、国情,接受爱祖国、爱人民的教育,增强历史使命感和民族责任感。

广州美术学院在重视传统文化及思想政治教育认知的同时,更关注其是否落实到学生学习、生活实践中,令人欣慰的是许多学生认识到行的重要性,比如:他们有的周末自发组织去敬老院看望孤寡老人,有的不辞艰辛组织向西藏等落后地区捐书捐衣,有的义务去韶关扶贫点从事美术教学,等等,都反映他们认识到力行的重要性。

4. "内圣"与"外王"结合,做人与做事结合

当前为什么某些学生对思想政治教育有厌学情绪,重要原因是认为它没用,尤其是艺术生,他们认为:思想政治教育只对立志从政的人有用,反正我又不想从政,学这个干吗?儒家历来强调"内圣外王","内圣"可以开出"外王",提高道德修养可以成就事业,用通俗的话来说"内圣"可使我们会做人,"外王"可使我们会做事,中国人历来强调先做人再做事,仅会做事而不会做人的人是很难成功的。艺术生非常重视专业学习,即学做事,但如果不重视道德学习,即不重视学做人,其发展会受到很大限制。故要使学生明白:做人和做事一样重要,甚至更重

要；思想政治教育学习很重要，职业生涯是否成功不单取决于专业素质如何，有时更取决于道德素质如何。如此就可以化解学生对思想政治教育的反感，提高其学习积极性。

总之，如何探索传统文化教学法，运用传统文化进行思想政治教育方法创新是新时期高校思想政治教育亟待解决的课题，笔者立足艺术院校，对其思想政治教育的现状及其原因，运用传统文化进行思想政治教育方法创新的必要性与可行性，及其对策、措施进行了有益探索，希望一则抛砖引玉，二则求教于方家。

第六章　教学模式与方法贯彻于《原理》课教学

一、《原理》课教学的理论探析

《马克思主义基本原理概论》（以下简称《原理》）是高校思想政治理论课的重要组成部分，在大学生思想政治教育中起着基础性的作用。《原理》课因其逻辑性、理论性和抽象性在高校思想政治理论课中独树一帜，如何实现《原理》课的育人功能和价值，需要在教学方法的运用上体现针对性、特殊性和典型性。紧扣艺术院校学生的特点，探索符合艺术院校学生实际的教学方法，是提高艺术院校《原理》课教学实效的重要方略。笔者提出三大教学方法——传统文化教学法、艺术作品教学法、艺术案例教学法，以此推进高等艺术院校《原理》课的教学改革，促进高等艺术院校思想政治理论课教学改革的研究。

（一）三大教学法的必要性分析

1. 传统文化教学法的必要性

中国传统文化是连接古代、现代、未来中国人的时间之流、生命之流，是中国人的精神生命。我们要对中国传统文化进行反思,自觉继承中国文化的优秀传统,建设和发展现代的新型文化。① 传统文化教学法是运用传统文化进行思想政治理论课教学的一种方法,是大学生继承中国传统文化的课堂教育的重要举措。传统文化教学法的必要性归纳为以下几个方面:

(1) 思政课教学应关注传统文化发展。在高等院校四门思想政治理论课之中,《原理》课属于理论性、逻辑性最强的一门课程。教师照本宣科、孤立无援地讲授马克思主义基本原理,属于理论抽象,而分别从马克思主义哲学、政治经济学和科学社会主义三大理论模块去阐述、传授,更是抽象当中的抽象。艺术类大学生擅长感性思维和形象认知,对纯粹文字的知识理论"力不从心",难以入心、入脑。教师若坚持满堂灌的传统教学方法,难以引起他们的学习兴趣和激发他们的学习动机。从文化产业的发展态势和影响力而言,当代艺术类大学生对于传统文化、区域文化逐渐产生了兴趣,并有志于把艺术力转化为文化生产力,发挥艺术人才的创新性。故此,他们热切想了解传统文化的特点、历史发展和当代趋势。教师若撇开传统文化,没有好好利用现成的艺术文化资源进行教学,只是坚守传统满堂灌的教学法,那么,艺术院校的思政课教学就变得不完整、不科学,难以实现《原理》课的教学初衷,也难以改变学生对思政课的抵触情绪。

(2) 传统文化为艺术思想奠定坚实基础。从艺术与文化的关系看,艺术是文化的载体,文化是艺术的基石。当前,由于西方文艺观对艺术生的渗透和冲击,不少艺术生在文艺思想上极其迷惑和混乱,相当一部分学生对西方的艺术思想盲目崇拜、全盘模仿和照搬照抄,以西方艺术的思维模式审视当前的艺术教育和自我的艺术创作。其中,西方社会思潮中否定民族文化、传统文

---

① 参见朱汉民:《中国传统文化导论》,湖南大学出版社 2000 年版。

化的历史虚无主义在高等艺术院校中占据相当大的市场。受其影响，不少艺术类大学生在艺术创作、艺术设计、艺术表演中，忽视传统文化、区域文化的价值，他们的艺术思想整体上缺乏厚实的文化根基，呈现出西化、去民族化的倾向。这对于文化教育以及思想政治教育极为不利。

以传统文化、地域历史与名人效应来参与思想政治理论课的教学建设，既彰显我国传统文化特色，又能激发学生热爱传统文化、本土文化的艺术情怀。教师把传统文化渗透进艺术类大学生的思想政治教育中，发挥历史文化对艺术教育、政治教育的重要作用，可以实现传统文化、艺术资源、思想政治教育三者之间的功能转换、良性互动和有机整合，从而共同推进艺术类大学生思想素质的培养。实践证明，这是面对西方消极艺术思潮挑战的一个重要举措。此外，通过学校与区域之间的合作教育，学生身临其境感受区域文化的魅力，既丰富了学生的马克思主义知识结构，同时鼓励学生传播优秀的地域文化，促进区域文化的交流与传播，为区域文化特色的推广做出应有的贡献。总之，教师把传统文化作为文化资源渗透进思想政治理论课的教学之中，发动学生主动传播传统文化、区域文化，有利于学生加深对艺术思想的认知和理解，自觉抗御西方不良艺术思潮的入侵，从而在艺术思想和艺术创作中奠定良好的文化基础。

（3）区域文化是思想政治教育的重要资源。区域文化是我国传统文化的重要组成部分，是传承优秀传统文化的重要载体，对在特定区域生活的成员的行为模式和思维方式起着制约作用。大学立足于某个区域，而区域是大学生物质活动、精神活动的主要范围。区域文化是传统文化发生文化传播力、辐射力的平台，对学校的思想政治教育起到辅助作用，是开展大学生思想政治教育的社会实践和道德实践场所。

当前，大学的思想政治教育拘泥于封闭式的教学模式，忽略了区域文化对思想政治理论课的应有价值,在某种程度上浪费了区域文化所容纳的人力资源、物质资源、文化资源。事实证明,思想政治理论课假如脱离区域文化,其内容就显得乏味、空洞、抽象,大大降低了课堂教学的实效性。只有坚持一切从实际出发,充分组织和利用区域文化的各种优势,并将其纳入思想政治理论课中来,才能使学生更为深刻地理解课程内容,更为理性地认识所在的区域,增强学生对地域文化和精神的认同感、归属感。目前,如何发掘和运用区域文化用于思想政治理论课的课程建设,是深化思想政治理论课教学改革的重要课题和生长点。

对于《原理》课而言,教师融入区域文化资源,并形成自身的教学体系、课程体系,课程内容会呈现出现代化、人文化和生活化的特质。

首先,思想政治教育课教师、学校层面共同开发和利用区域文化参与《原理》课的教学,有利于改进《原理》课的教学理念,带动《原理》课的教改创新。特别是在课程建设方面,发动教师、学生、区域三者力量,形成教育的合力,突破教科书的限制,深化了师生、社区对思想政治教育和教学规律的理解。

其次,充实《原理》课的课程资源观。《原理》课的内容虽然较为抽象和严谨,但具有较大的可塑性,教师加入传统文化的资源,将其服务于《原理》课的理论阐释、理论深化和理论接受,丰富了《原理》课的大课程观。同时,因为区域文化的介入和参与,学校管理层在《原理》课的开发观、管理观、评价观上将有新的改变,为《原理》课的教学改革营造更为宽松的制度环境。

最后,教师把区域文化的传统文化资源融入《原理》课的教学当中,使学生获得真实情境教育的体验,有助于学生重构马克思主义的理论认知，加深学生对马克思主义与地域文化关系的体会，是开展思想政治理论课实践教育的重要模式，探索大学生思想政治教育的重要载体。

2. 艺术案例教学法的必要性

在《原理》课的教材体系和基本理论框架下，艺术案例教学法把教材内容做了重新整合，改变以章节为特征的教学形式，整体上立足于教材但又高于教材，艺术案例紧跟基本原理，但更多联系艺术类大学生的实际。艺术案例教学法注重马克思主义基本原理的针对性和时代性教学，引导学生从艺术学的角度把握马克思主义的立场、观点和方法，指导学生在艺术学领域认识马克思主义的基本规律，从而增强中国特色社会主义的道路自信、理论自信和制度自信。

（1）《原理》课整体呈现的理论形态适合艺术案例教学。《原理》课包含了马克思主义原理的三大块内容，强调从马克思主义的恢宏视角理解哲学、政治经济学和科学社会主义，较多表现出从抽象到抽象的理论灌输特点，需要学生较为扎实的文化基础知识和理性思维。对此，艺术类大学生无论在知识理论的接受力还是从逻辑思维的推导力上都显得较为吃力，间接地导致课堂教学实效的低下。《原理》课的教材内容、主旨思想从整体上看富于理论形态，艺术类学生要形成科学的世界观、人生观和价值观，就需要把理论形态与艺术具象结合起来，以他们喜闻乐见的方式去理解、去接受和去评判，在政治理论与艺术形象之间搭建一座桥梁，从而更为深入坚持以马克思主义理论为指导的社会主义意识形态。

（2）《原理》课价值的实现需要艺术案例教学。随着全球化的发展，中国与西方发达国家的接触日益紧密，在思想领域受到西方价值观的渗透、同化，反马克思主义思潮正在侵蚀青年大学

生的思想，并抢占意识形态的领域。同时，各种社会思潮通过互联网与新媒介进行传播，对大学生思想的诱惑具有隐蔽性，社会主义意识形态的安全性日益严峻。此外，学生对马克思主义之类的课程普遍秉持工具理性，认为《原理》课在价值教育中宣传主流意识形态，在专业技能上不能增强学生的专业本领，在就业上不能增加就业砝码，掩盖了《原理》课的隐性价值，对《原理》课兴趣不高。这对马克思主义产生了巨大的冲击，也对高校的思想政治教育工作提出巨大的挑战。《原理》课是马克思主义的重要阵地，关乎大学生"三观"的培养和确立，要想凸显价值，必须增强教学的实效性。艺术案例教学法贴近学生思想实际、贴近学生专业特性，教师以案例为媒介，以讨论作为中心，以思想介入为目标，通过对艺术家生涯的讲述、艺术作品创作过程的刻画、艺术事件的评析等手段，树立马克思主义的科学旗帜，揭示反马克思主义的实质，让学生真正领会马克思主义以及科学的世界观、价值观和人生观。

（3）艺术案例教学是教材体系向教学体系转变的中介。思想政治理论课教学中存在一个重要问题，就是如何将教学内容与教材内容较好地结合在一起。实践证明，照本宣科地、一五一十地向学生灌输教材内容，会降低思想政治理论课的实效性和吸引力，不利于育人目标的实现。总而言之，教师只有在消化教材内容的基础上，通过有效的手段，把教材内容转化成教学内容，才会提升课堂教学的效果。

《原理》课的教材是国家统编的重点教材，内容科学、体系完整、可读性强，是教师备课的纲领。教学内容是教师以自己的知识结构对教材内容的叙述和阐释，是学生接受教材内容的主要渠道。然而，教材内容与教学内容各具独立性，两者需要某种中介才能有效地连接起来。事实证明，教师教学内容的乏味、陈旧不等于教材内容的无效。究其原因，在于教师沿用过时的知识体系,使用落后的教学素材,运用脱离时代语境的教学理念,不能结合当前社会的难点和热点问题阐释马克思主义基本原理。

实际上,教师要很好地胜任思政课的教学任务,需要花费一定的工夫,通过自己摸索的教学语言、教学方法、教学组织形式去传授教材内容,以完成教材内容到教学内容的转化。针对艺术院校思政课的教学生态,艺术案例教学是完成转化的中介之一。艺术案例教学以艺术事件、艺术家、艺术作品等形式组织教材内容,实现了教材内容的横向延伸和纵向贯通,是对教材内容进行创新性阐发的教学研究方法。

3. 艺术作品教学法的必要性

(1) 艺术作品作为艺术语言的载体,其鉴赏、创作的过程就是理性反思、理论升华的过程。艺术作品的创作、设计,是运用艺术思维和贯彻艺术理论的产物,是抽象的理论形态的物化过程。从艺术创作过程看,学生的构思、创作和评价,投射了学生的世界观、价值观和人生观,故而任何一件艺术作品,从它诞生的那一刻起就烙上了人的主体性和主体意识。《原理》课从科学理论的角度,提供了学生形成正确的世界观、人生观、价值观的重要渠道,是塑造学生科学的文艺理论——马克思主义文艺理论的重要阵地。因此,《原理》课对于艺术类大学生而言,是培养艺术思维和涵养艺术修养的必要环节,是艺术之路的理论风向标。

(2)《原理》课不仅是思想政治教育的主渠道和主阵地,而且内蕴丰富的人文社科知识,对于艺术类大学生起到丰富人文知识的作用,可以弥补艺术专业知识的局限性。艺术作品教学法采用视觉艺术的手法,在学生接受、理解马克思主义原理的过程中,符合学生艺术审美的趣味,激发学生艺术探寻的兴趣,从而加深学生了解马克思主义实事求是的科学精神,培养发现、分析、解决问题的科学方法,涵养追求真理的崇高品格,掌握理论联系实际的实践精神。[①] 教师若实施满堂灌的授课方法,在教与学中单一地凸显教师的主体地位,那么这些知识能力、素质能力、品格能力的养成就无法实现,可能加深学生对思想政治理论课的厌烦情绪,思想政治理论课本身的价值就无从体现和被人为地遮掩。

(3) 艺术作品教学法是创新艺术院校思政课教学方法的重要途径。调查表明,在当前艺术院校《原理》课的教学中,教师的单一灌输是主要的课堂教学方法。课堂教学主要以教师为中心,教与学成为两张皮,教师的主动性、积极性和热忱并不能催生学生对课程的热情和兴趣,学生反而成为课堂教学的旁观者。满堂灌的教学方式,《原理》课较为抽象的理论知识,艺术类大学生对文字内容的视觉疲劳等因素叠加一起,导致教学过程失去丰富性、动态性和艺术性,难以实现《原理》课应有的价值。

艺术作品教学法生动、形象、有趣地呈现艺术作品背后的理论性、概括性和抽象性的知识,审美视觉与基本理论相结合,使得学生对教学内容获得一种较为直观、切身的艺术感悟和理论教导,拉近了原理与艺术生活之间的距离。在艺术创作、艺术鉴赏中,学生对马克思主义原理萌发了现实的、直接的体验,增加了理论自信、艺术自信和政治自信。教学实践表明,以教师为中心、教与学相分割的教学方法不能有效地阐释马克思主义基本原理,也不能使学生对《原理》课产生认同感。

---

① 参见和蔚、杨斌:《马克思主义基本原理概论》课教学中划清"四个重大界限"的方法探赜,载《学校党建与思想教育》2013年第6期。

（二）三大教学法策略研究

1. 传统文化教学法的具体应用

《原理》课重点讲解马克思主义的世界观和方法论，帮助学生从整体上把握马克思主义，正确认识人类社会发展的基本规律。整体性把握马克思主义，教师不能仅仅凭借从理论到理论这种教学模式和方法，需要立足我国传统文化以及学生所在的区域文化，从艺术、文化、思想政治相互促进的角度，引导学生以文化的传承者、参与者的身份，加深对马克思主义基本原理的认识和了解。

（1）挖掘传统文化元素，丰富《原理》课的理论体系。传统文化富含丰富的元素，既包括区域文化、现当代文化以及特色文化等文化元素，也具有思想政治教育意蕴。[1] 传统文化承载着文化价值和思想政治教育价值，是丰富《原理》课理论体系的资源，是《原理》课从教材体系到教学体系转变的媒介，亦是《原理》课由知识体系转化为学生的认知体系、信仰体系的通道。

传统文化融进《原理》课要通盘考虑知识性元素与思想性元素。

第一，整合传统文化的知识性元素，充实《原理》课的理论观点，把两者融为一体，使教学内容系统化、逻辑化。教师可以选择学校所在区域中的历史文化、艺术文化、风土人情等资源融入《原理》课的基本观点，为学生了解传统文化、深化基本理论提供良好的铺垫。

---

[1] 参见苏宏象、黄修卓：《利用区域文化资源，提高思想政治理论课教学实效研究》，载《百色学院学报》2012年第5期。

第二,深挖传统文化的思想性元素,使之契合课程的基本原理,并贯通于《原理》课三大块知识体系之中。教师结合传统文化的实际特点,弘扬其中的精神价值,引导学生以发展的眼光审视我国传统文化、区域文化的优劣势,以马克思主义中国化的立场看待自己所处的区域环境,从中国特色社会主义道路、制度、理论三方面考察传统文化的发展态势,确立对马克思主义理论的自信。大学阶段是世界观、人生观、价值观形成的关键时期,而大学生通常在传统文化、区域文化中学习和生活并浸淫其中。在这种背景下,教师深挖传统文化中的思想元素——廉洁文化、红色文化、孝道文化等,以此构建"富强、民主、文明、和谐,自由、平等、公正、法治,爱国、敬业、诚信、友善"为核心的社会主义核心价值观,有利于贯彻落实社会主义精神文明教育,有利于学生思想观念的塑造和涵养。

第三,树立传统文化的精神典范和艺术典范。这里以岭南画派代表人物杨之光为例。杨之光在"艺术人生"讲座中提出,走艺术之路要坚持普遍性和特殊性的有机统一,中国艺术要走向世界,必须充分发挥中华民族的文化特色,立足于地域文化。此外,他认为,无论是国画艺术还是其他艺术形式,在中国这个社会主义国家有其特殊性,要强调艺术的文化性、政治性、道德性。杨之光论艺术与人生的观点体现了马克思主义文艺观、唯物辩证法的基本原理。教师通过枚举诸如此类艺术家的典范,引导大学生深刻领会马克思主义辩证法的观点,并以此批判分析当前的艺术现象和思想问题。

(2)发动各种力量参与课程建设。家长、教师、社会成员是传统文化的建设者,也是思想政治理论课建设的重要力量。目前,在大学课程建设中,高校和教师较少立足我国传统文化的特点与文化的发展需求,较少开发特定区域的人力资源,没有很好发挥他们参与高校教育的优势。为此,高校和教师应发动各种力

量,共同参与思想政治理论课的开发。

在《原理》课的内容上,利用我国传统文化资源、物质资源和软实力等与教学相关的内容进行开发,从文化哲学、价值哲学、经济哲学等角度解读马克思主义理论,增进学生对抽象知识的理解。重视诸如红色资源、艺术资源、历史资源的教育作用,扎实推进这些资源进《原理》课的教学体系,并在某个教学内容上,把红色精神、革命美术等作为课堂教育的主调,以具体形象、感性优美的文化资源熏陶大学生的思想。

在《原理》课的参与力量上,广泛动员企业、公司、家长、社区人士等力量的介入。邀请党员、艺术家、民间艺人等开设讲座宣讲马克思主义;兴办面向社区、优化社区文化建设的艺术展览、艺术表演,发动社区群众参与展览和演出,展览、演出的主题突出学生对马克思主义的理解,反映当前马克思主义认识中一些误区。社区力量的介入,使得《原理》课的内容丰富、灵活、生动,同时,也增强学生立足地方、服务地方文化艺术事业的愿望。

在《原理》课的实践教学中,课程教学要突破封闭式,尝试开放式。所谓开放式,是指教师要强化《原理》课的实践教学意识,通过借助特定区域的各种资源,开展形式多样的实践教学方式。比如,笔者所在的岭南地区富含红色资源,教师要结合马克思主义原理,开展红色资源体验教育,通过歌唱红色歌谣、讲述红色故事、访问革命旧址等方法,引导学生在实践中体验革命精神的真正内涵,体会马克思主义中国化的光辉历程。在实践教学中,教师引导、教育学生以红色精神来指导自己的大学生活和艺术实践,以红色精神来引航自己的艺术人生,培养大学生对马克思主义、社会主义、共产主义的理想信念,构建起社会主义核心价值观。

2. 艺术案例教学法的具体运用

（1）艺术案例要立足当代中国的实际。《原理》课教学的价值要彰显出来，需要理论分析与实际例子相结合。比如，在讲解质量互变规律时，教师可以从质和量两个方面分析当前中国的艺术品市场，讲解艺术品市场的发展规模和速度，列举数据直观陈述艺术品的数量和质量问题，让学生认识到艺术品市场繁荣背后中国人收入水平的提高、艺术欣赏力的提升以及艺术市场浮躁等一系列现象。在事实分析中，教师引导学生从理论的高度感受马克思主义理论的力量，并以之理解艺术生活中的诸多表象。

（2）艺术案例要面向学生的实际。在运用艺术案例中，教师转换了话语体系，即把《原理》课的理论话语转变成艺术话语、叙事话语，转化成面向学生的生活实际、为学生所熟悉的艺术世界，马克思主义原理紧贴学生的思想实际、认识实际和情感实际，从而为学生易于接受、乐于学习。

比如，教师在讲授《原理》课绪论部分内容时，因为学生刚接触整门课程，从整体上认知马克思主义的能力、水平有限，教师可以充分发挥核心作用，运用艺术案例教学法组织教学内容。教师立足教材内容和精神，又不拘泥于教材，通过陈述艺术家基于自己对马克思主义理解而进行艺术创作的艺术生涯，将马克思主义是什么、如何产生、学习的目的和方法等糅合在一起，将教材内容与艺术家的心路历程联系起来，从而使得学生对马克思主义理论确立宏观认识和价值定位。

（3）艺术案例教学法要凸显学生的主体性。教师在《原理》课备课过程中，围绕章节内容的主题，设置艺术案例，供学生进行讨论和分析。教师以3到5个学生组成一个整个学期都固定下来的讨论小组，在讨论时，学生要聚焦艺术案例的要点，并结合自身的专业、艺术理解进行发言。为了体现学生的主体性，在艺术案例讨论环节,需要注意以下几个方面:第一,艺术案例的主线要分明。教师在备课时,应确定艺术案例的适用范围,把案例要讨论的基本原理明确下来。案例本身要有所侧重,把握住教学的重难点,并防止学生讨论时发散性思维所导致的走题、偏题、跑题等情况出现。第二,教师全程监控。教师在艺术案例讨论时,作用相当于乐队的指挥者,要全面调控、精心引导,对讨论的进度、深度、广度进行有效的控制,既认真倾听学生的主张,不能挫伤学生的热情,又要加入适时的点评,并对学生某些错误、消极、偏激的观点进行批驳和纠正。第三,争取更多的学生加入讨论的行列。教师在讨论时,对于积极发言、认真讨论的学生要加以鼓励,而对于沉默寡言、态度消极的学生要多加提点,尽量做到不偏不倚、公道公正、一视同仁,让更多的学生有畅所欲言的机会,把更多的学生纳入讨论的行列中来。在教师的引导下,学生通过相互的论辩、即兴的演讲,能够深刻、准确地掌握《原理》课的理论、方法和观点,对艺术问题的思考会更为全面、深入和合理,也锻炼学生之间相互配合的精神,提高自我的表达能力。

(4)艺术案例要突出典型性。在《原理》课中设计艺术案例,教师要凸显典型性。典型性的艺术案例要求:教学目标明确、艺术性突出、主题鲜明。在内容上,艺术案例要具有丰富、独特的艺术事件、艺术家生涯、艺术之路等内容,激励学生围绕案例积极参与、热情讨论,引导学生领会马克思主义基本原理在艺术界、艺术生活中的运用,彰显艺术案例的理论性和时效性。在思想上,艺术案例教学法强调参与讨论、思辨分析、小组合作等形式,让学生整体上把握马克思主义的基本立场、基本观点和基本方法。同时,艺术案例教学法聚焦于学生艺术理念上的困惑、艺术实践上的困惑、艺术生活上的困惑,使《原理》课案例教学立足学生的艺术世界,并以马克思主义作为理论武器去解开这些困惑。

结合《原理》课的三大块内容,教师在设计艺术案例时,突出以下基本原理:①马克思主义整体观:马克思主义是关于无产阶级和全人类解放的科学;马克思主义对资本主义的批判与超越。关于此方面主题,教师可以选择延安时期革命艺术家的艺术生涯和创作体会。②唯物辩证法:唯物论、辩证法的基本原理;唯物辩证法与思想世界、生活世界的结合;社会发展规律与人生目标。关于这方面题材,教师建议学生结合自身的艺术创作和体会,撰写唯物论、辩证法与艺术创作关系的小论文,并推荐优秀的论文用于课堂讨论。③资本主义批判:资本主义的历史形成及其本质;资本主义的发展与市场经济;当代资本主义的发展困境和危机。围绕这些主题,教师选取欧美当代艺术家对资本主义进行鞭挞的艺术作品,组织学生讨论当代艺术作品与制度批判的关系。④共产主义社会:社会主义的发展历程;中国特色社会主义的成就及其特点;共产主义是人类最崇高的理想。依据这些知识点,教师从艺术家不同时期创作不同风格的艺术作品入手,讲述艺术家对社会主义不同时期社会精神的描绘和理解。

上述艺术案例的设计,基本囊括了《原理》课的观点、立场和方法,不仅符合艺术类学生的接受能力、理解能力,而且提升了《原理》课的教学效果,展现了艺术与马克思主义基本原理的一致性。

3. 艺术作品教学法的具体运用

培养大学生树立崇高的共产主义理想和中国特色社会主义共同理想,应该是《原理》课教学的重要出发点和落脚点。[①] 据

---

① 逄锦聚:《马克思主义基本原理概论》教材修订说明及教学建议,载《思想理论教育导刊》2013年第9期。

此，教师要发挥艺术类大学生的专业优势，鼓励学生通过艺术创作的渠道，把追求共同理想、远大理想与艺术体验结合起来，从而在实践中树立起社会主义艺术观、艺术为人民服务的价值观、艺术道德观、积极健康的审美观。

（1）在教学理念上强调价值契合。艺术作品本身就是价值叙述的一种强有力的艺术语言，艺术家创作出经典、传世的艺术作品亦是艺术家价值观的产物。艺术作品教学法不单单展示、鉴赏和评价艺术作品，而且倡导学生在日常艺术训练中创作、设计蕴含价值观的艺术作品。《原理》课虽然要求教师在教学中把握一个鲜明主题——什么是马克思主义、为什么坚持马克思主义、怎样坚持和发展马克思主义，但课程性质并没有逼迫教师硬性采取理论灌输的手段。从价值哲学看，《原理》课培养学生的世界观、人生观和价值观，训练学生的辩证思维，强化学生方法论的学习，是认知科学的价值载体，是全面提升人素质的一种价值教育。由此可见，艺术作品的价值与《原理》课的价值是相通的，相互之间并没有鲜明的价值排斥。

所以，针对艺术院校学生的特点，若使马克思主义成为学生的信仰、信念，单纯的理论灌输难以解决，教师要调整教学理念，重视思想问题和价值观问题，要依靠艺术的价值导向作用。教师应当利用艺术作品教学法，发挥学生的特长，让学生从自我认知的思想境遇出发，通过艺术鉴赏、艺术品评、艺术创作等方法，实现艺术认知价值与思想价值相契合。

（2）在教学内容上突出艺术叙事。在艺术作品的选题上，教师要做出恰当的安排，选择贴近艺术领域、贴近学生个体生活的作品，并把艺术作品的内涵与基本原理串联起来，通过教师的加工整理，从艺术作品变化为艺术叙事，既使马克思主义原理生动起来，又为学生所熟悉和接纳。

在教学内容上，教师按照哲学、政治经济学、科学社会主义三大部分选择艺术作品及组织艺术作品教学法。具体操作叙述如下：

在讲授马克思主义哲学时，教师要从艺术实践的角度说明人类社会的物质性。教师可以从学生参与的艺术社团、艺术为民活动、艺术展览等活动，使艺术类大学生更加直观、形象、完整地理解世界的物质统一性。在讲授辩证法时，教师可以引导学生进行艺术创作和设计，以艺术作品的形式反映学生对世界、自然、社会的辩证看法，避免陷于形而上学的思维模式。

在讲授马克思主义政治经济学时，教师可以利用西方艺术界反映西方社会制度本质的油画作品，向学生阐明资本主义发展趋势、性质的理论，并从反映第三世界国家照搬西方民主制度所造成的严重后果的摄影作品、绘画作品中，帮助学生正确理解资本主义制度的本质以及发展的困境。

关于科学社会主义理论部分，教师可以选取反映法国空想社会主义的油画作品，揭示法国社会主义的空想性、理论性，从而加深学生了解科学社会主义的发展过程以及规律。教师在布置课外作业时，要求学生结合自己家乡经济建设、政治建设、文化建设的变化，创作或者设计艺术作品，从中加深对中国特色社会主义的理解，加强学生对于艺术的道德性、政治性和社会性的了解。

关于共产主义的部分，教师可以布置课外作业，以他们心目中的共产主义社会为题材，让学生创作、设计艺术作品。通过作品赏析和对照马克思主义经典作家关于共产主义社会的理论图景，教师阐述共产主义社会的特征，从而端正学生对共产主义的认识偏差。

（3）在教学实践上发挥专业教师的作用。在艺术作品的设计和创作上，教师把学生分成若干团队，指定教材里某个原理作为主题，要求学生联系实际进行创作和设计。在这方面，教师应

和专业教师通力合作,发挥专业教师的作用。教师要利用学生下乡写生和调研时机,利用学生课外习作训练时机,鼓励学生进行主题作品的创作和设计。若条件允许,思政课教师和专业教师一起,探索思想育人的艺术成果展。经过专业教师的评选,每个团队推荐出具有代表性的艺术作品,以艺术展览的形式展示课堂教学成果,并把学生的艺术作品放在《原理》课网站中,发动学生在网络聊天室、QQ空间、微博等渠道进行讨论和评价,开拓学生自由讨论、相互思辨的重要渠道,可以有效地弥补课堂教学中的不足。

(三) 三大教学法需要注意的问题

1. 艺术性与科学性的关系

传统文化教学法、艺术案例教学法、艺术作品教学法等方法活跃了课堂的气氛,调动学生问学、探索的积极性和主动性,强化学生的独立性、主体性,体现了艺术院校的视觉艺术特征。与此同时,有些教师为了迎合学生的审美趣味,刻意加入与教学内容、教学主题不一致的文化案例、艺术个案、艺术作品,把学生的注意力转移到一些花边新闻、艺术家绯闻、艺术作品的夸张表达等方面去。授课教师把逗乐学生、吸引学生注意力作为提高课堂效率的标准,而对教学内容的正确、科学的阐释置之不理。教师这种做法的弊病是,课堂教学的娱乐性过滥、针对性不足。从学科教学的角度而言,这种做法失去了《原理》课本身具备的严谨逻辑、严密体系、价值崇高等彰显理论科学性的特征。因此,在处理《原理》课教学的艺术性与科学性关系的时候,教师要从课程的特殊性、理论的抽象性、教师的主导性出发,恰当把握好两者的运用力度,尤其不能贪求学生的一时尽兴而背离《原理》课的价值目标。

2. 教学方法的兼容性

兼容性是指多种方法在教学中的协调使用，以期集中多种教学方法的优点，避免单一方法带来的缺陷。① 传统文化教学法、艺术案例教学法、艺术作品教学法、艺术创作教学法等方法特色各异，各有一个相对封闭的运用范围，但相互之间是融通的。传统文化教学法强调传统文化的传承性、精神性和价值性，既是培养大学生文化素质的平台，也是加强艺术类大学生文化素质的重要媒介。艺术案例教学法注重案例教学的参与性，把艺术案例与《原理》课的基本内容融合在一起，以学生为主题、教师为主导，发挥教与学之间的互动，适合艺术类大学生的个性和专业特点。艺术作品教学法侧重学生的艺术审美与思想政治的结合，从文字与视觉艺术交互视阈融合的角度，推进艺术的思想性、政治性与社会性的教育，加强艺术类大学生艺术审美的意识形态的引导。教师在运用上述方法时，关键是围绕教学内容融方法为一体，把马克思主义基本原理和教学方法统一起来，把科学理论建立在艺术生熟悉的素材之上，培养艺术生从抽象到具体的逻辑思维能力，真正体现出马克思主义理论建筑于实际的理论品质。

3. 讲授法与三大教学法相行不悖

从教育学的基本规律来看，传统的讲授法有其合理性和正当性，是其他教学方法的基础，更是当前很多教学改革方法无法替代的。当前，在思想政治理论课教学中，不少教师、专家、学者、领导把讲授法等同于填鸭式的满堂灌方法，讲授法遭受很多人的质疑和批判。因此，教师在摒弃讲授法时，要么以满堂的提

---

① 参见李文艳：《马克思主义基本原理概论课教学要着重解决三个问题》，载《思想理论教育导刊》2013 年第 11 期。

问替代满堂灌,要么课堂讨论占据整个学期90%以上,要么组织学生外出参观调查。① 这些所谓新颖的教学方法带来了很多弊端,比如学生理论学习的兴趣降低、师生双向互动交流缺乏、学生对知识的把握七零八碎等。

《原理》课具有逻辑性、理论性和概括性特征,三大教学法虽然可以调动学生参与的积极性、主动性,但无法取代讲授法的重要性。

《原理》课作为高校思想政治理论课的核心内容,如果过于强调师生之间的交流和互动,课堂的组织形式较为松懈和随意,学生对课堂内容的把握较为褊狭,那么,缺乏教师系统的理论讲授,学生难以领会马克思主义的精髓,学生价值观、世界观、方法论的形成就缺失坚厚的理论基础。所以,教师不应舍弃讲授法,在改进、完善讲授法的基础上,把三大教学法与讲授法结合起来,形成互补的、动态的、发展的教学方法体系。

二、《原理》课教学设计实例

下面以"实践是认识的基础"的课程设计为例,说明艺术院校《原理》课如何以"一体两翼"教学模式为指导,贯彻艺术作品教学法、艺术案例教学法、传统文化教学法三大教学方法,以此论证其可行性。

【授课内容】实践是认识的基础(高等教育出版社《马克思主义基本原理概论》第二章"认识的本质及其规律"中第一节"认识与实践"的内容)。

【课时】两课时(90分钟)。

---

① 参见杨彩利:《走出教学改革的误区——以马克思主义基本原理概论为例》,载《中国成人教育》2013年第4期。

（一）课前设计

1. 教材内容分析

实践是认识的基础，属于辩证唯物主义认识论的重要内容，学生通过高中的《生活与哲学》的学习对此已有初步了解，但显然还比较浅，很难透彻领悟、理解，故学好本节内容有利于艺术生正确处理实践和认识的辩证关系，尤其透彻理解实践在认识中的重要作用，并以其指导生活、学习，尤其是艺术创作，自觉投入实践，在实践中以艺术创作服务社会，并提高艺术水平，丰富、完善艺术人生。

2. 学生情况分析

艺术生形象思维强、抽象思想较弱，人文素质较差但喜好艺术，故普遍存在重专业、轻人文，重艺术学习、轻思想政治理论学习的特质，具体来说：

（1）不利因素

第一，艺术院校学生的文化基础薄弱，理论学习兴趣不高，缺乏理论探索精神。

第二，大多数艺术生对思想政治理论课尤其是马克思主义哲学部分的学习抵触情绪较大。

（2）有利因素

第一，学生已经学习了唯物主义辩证法的基本知识，这为本单元辩证唯物主义认识论的学习奠定了基础。

第二，学生形象思维强，酷爱艺术，且脑瓜子较活，有利针对其艺术特质，运用艺术作品、艺术案例、传统文化因材施教。

3. 教学目标设计

（1）知识方面

识记：实践与认识关系原理。

理解：实践对认识起决定作用这一基本原理，并能通过列举说明实践是认识的来源、是认识发展的动力、是认识的目的，是检验认识正确与否的唯一标准。

（2）能力方面

通过实践对认识起决定作用原理的学习，培养艺术生理解问题的能力和逻辑思维特别是从具体到抽象，再从抽象到具体的思维能力；尤其要引导艺术生正确处理艺术创作实践与艺术理论认识之间的关系，培养并提高其运用原理处理艺术与生活、艺术与社会实践的能力。

（3）觉悟方面

第一，结合实践是认识的来源的学习，引导艺术生树立实践意识，积极投身社会实践活动，在社会实践中寻找艺术创作的灵感。

第二，联系实践是认识发展的动力的学习，引导学生认识马克思主义也是随着时代、实践和科学的发展而发展的，邓小平理论是当代中国马克思主义，是马克思主义在中国发展的新阶段；同时也引导艺术生认识到社会实践也是伟大艺术作品诞生的动力，亦即伟大的艺术作品往往也是当时的社会实践催生的，故当前要自觉投入中华民族伟大复兴这一伟大社会实践，并以之作为推动自己艺术创作的最终动力。

第三，通过实践是认识的目的的学习，培养良好的学风，形成正确的学习态度；同时自觉树立"文艺为人民服务、为社会主义服务"的"二为"服务观。

（4）运用方面

在掌握实践与认识的辩证关系原理与方法论要求的基础上，学会运用这一原理分析和解决艺术创作和艺术生活中的具体问题。

4. 教学理念设计

教学理念设计即依据"因材施教"原理，探索"一体两翼"式教学模式（针对艺术生人文素质相对薄弱且重视专业学习的现状，探索艺术院校"一体两翼"式教学模式，即艺术院校思政课必须以思想政治教育为核心即"一体"，人文素质教育为拓展，艺术类思政资源为辅助，即"两翼"，因材施教，切实提高教学效果），创新三大教学方法（艺术作品教学法、艺术案例教学法、传统文化教学法），贯彻到四门主干课（《原理》、《基础》、《概论》、《纲要》），切实提高艺术院校思想政治理论课教学实效。

5. 教学方法设计

从美术院校的实际出发，创新三大教学方法，并落实于《原理》教学实践。

（1）艺术作品教学法

根据思政课教学内容，精心选择与之相关的艺术作品作为切入点，展开别开生面的教学。

（2）艺术案例教学法

利用艺术生对艺术大师的景仰甚至崇拜心理，认真研究艺术家的生平事迹，充分挖掘其中的思政素材，将其世界观、人生观、价值观、爱国主义精神、艺德人格等方面的素材和案例，融入课堂教学，切实提高教学实效。

（3）传统文化教学法

针对艺术生文化基础薄弱，个性特质较强的现状，充分利用传统文化扎根民族土壤,对人有潜移默化的影响,且与艺术相通等优点,借鉴其进行《原理》教学。

6. 教学重点、难点设计

(1) 重点

实践是认识的来源、动力与目的。

突破策略:针对艺术生形象思维较强、抽象思维较弱特质,运用相关艺术类思政资源、传统文化,因材施教。

(2) 难点

实践是检验真理的唯一标准。

突破策略:针对艺术生人文素质较差、喜好艺术及传统文化的特质,精心选取与之相关的典型艺术案例、艺术作品、传统文化,深入浅出地进行启发式教学,在教师的"启"与学生的"悟"的双边互动中,使学生透彻理解实践是检验真理的唯一标准这一难点。

7. 教学手段及教具设计

(1) 教学手段

多媒体专题教学。

(2) 教具准备

多媒体课件一份。

(二) 教学过程设计

导入设计:

【导入】(通过 PPT 将黎雄才的名画《江山如画》投射到银幕)

老师问(以下简称"师"):同学们,这是谁的名作?画名叫什么?

学生答(以下简称"生"):黎雄才,《江山如画》。

老师再问:对,是我们老院长黎雄才的《江山如画》,但真是"江山如画"吗?是"江山如画"还是"画如江山"?(几个大字被投射到银幕)

绝大多数同学答:当然是"江山如画"。

师:从约定俗成的视角看,同学们的回答是对的,但从哲学上,从认识论的高度看却是错的。从文学的角度来说,"江山如画"即江山像画中一样美,这是比喻的手法,是说得通的。正如苏轼说"江山如画,一时多少豪杰"。但从哲学上,从认识论的高度看不是"江山如画"而是"画如江山",画是对外界江河山川的反映,而不是江河山川是对画的反映。为了彻底搞清为什么从认识论的高度看"江山如画"这个观点是错的,今天我们要学堂新课"实践是认识的基础"(设计意图:首先利用艺术生熟悉的名画《江山如画》,设计问题:到底是"江山如画"还是"画如江山"?使其很快参与到课堂,然后否定其所认定的常识"江山如画",在其被问得目瞪口呆时,老师说:为了彻底搞清为什么从认识论的高度看"江山如画"这个观点是错的,今天我们要学堂新课——"实践是认识的基础"。于是,学生的好奇心大大增强,并带着问题被引入新课。)

以下板书投影至屏幕:

第二章 认识的本质及其发展规律
第一讲 实践是认识的基础

一、什么是实践?(被投影到银幕)

师:何谓实践?唯心主义、旧唯物主义、实用主义、马克思主义分别有不同的解读。

（一）唯心主义实践观：实践是纯粹精神活动。如王阳明说："一念发动处就是行。"（被投影到银幕）

师：唯心主义实践观认为实践是纯粹精神活动。如明代思想家王阳明说："一念发动处就是行"，通俗解读即"心动等于行动"。其优点在于看到了实践的主观能动性，其不足就在于无限夸大了这种能动性，以致以知为行，以动机为行动。

（二）旧唯物主义的实践观：将实践局限于科学实验，如培根就是代表。（被投影到银幕）

师：旧唯物主义的实践观认为实践就是科学实验，将实践局限于科学实验，如现代实验科学的鼻祖培根就是其代表，这种观点的优点是看到实践的客观性，但不足在于其片面性，人为地局限了实践的范围。

（三）实用主义实践观：如胡适把人的实践同蜜蜂和蛆虫对环境的适应行为相提并论。（被投影到银幕）

师：实用主义实践观认为实践是人受到环境刺激后所作出的反应，是人适应环境的活动，如胡适把人的实践同蜜蜂和蛆虫对环境的适应行为相提并论，认为它们之间只是在应付环境方面有高下程度的不同。实用主义实践观的优点在于看到实践的客观性，其缺陷在于完全抹杀了人类实践的主观能动性。

（四）马克思主义实践观：人类有目的地能动改造和探索现实世界的一切社会性的客观物质活动。（被投影到银幕）

师：马克思主义认为，实践是人类有目的地能动改造和探索现实世界的一切社会性的客观物质活动。它扬弃唯心主义、旧唯物主义、实用主义三大实践观，既看到实践的物质性、客观性，又看到其精神性、主观性，是主观见之于客观的人类改造和探索现实世界的客观物质活动。它具有三大特点：客观物质性、主观能动性、社会历史性；三大基本要素：主体是人，客体是客观世界,手段是工具设备;三大基本形式:生产实践、处理社会关系实践、科学实验。下面我们着重讲实践的三大基本形式。

徐悲鸿的国画《愚公移山》投放到银幕。

师:徐悲鸿是重要的国画大师,其名作《愚公移山》再现远古时期我们的先人改造大自然的场景,说明生产实践是人类有意识地改造大自然的活动,而生产实践是实践的最重要形式。

德拉克洛瓦的油画《自由引导人民》(被投影到银幕)。

师:这是法国油画家德拉克洛瓦的油画《自由引导人民》,它反映1830年7月27日巴黎市民推翻波旁王朝的一次起义,再现人类处理、变革社会关系的实践场景。处理社会关系实践也是三大基本实践形式之一。

油画《两个铁球同时着地》(被投影到银幕)。

师:这是油画《两个铁球同时落地》,它再现伽利略当年科学实验的场景,说明科学实验也是实践的基本形式之一。(设计意图:这是利用艺术生熟悉并喜好艺术的特质,借鉴艺术作品教学法讲解实践的三大基本形式,易于为艺术生理解,大大提高教学实效,也有助普及艺术知识,真可谓一举两得)

思考题:艺术创作是实践吗?(被投影到银幕)

生:(空,因为学生回答是不固定的,下同)

师:艺术创作也是人类有目的地能动改造和探索现实世界的一种社会性的客观物质活动,故也是实践。但它不属于生产实践、处理社会关系实践、科学实验这三大基本实践。

二、什么是认识?(被投影到银幕)

(一)认识的分类:唯心主义认识论、唯物主义认识论。(被投影到银幕)

师:认识可分两类:唯心主义认识论、唯物主义认识论。唯心主义认识论坚持从思想和感觉到物的路线,认为认识是先于物质、先于实践经验的东西。如柏拉图说："认识不过是回忆"。其优点是看到了认识的能动性，不足是否定其客观性。唯物主义认识论坚持从物到感觉和思维的思想路线，认为认识是主体对客体的反映。而唯物主义认识论又可分为旧唯物主义认识论及马克思主义认识论，旧唯物主义认识论认为：认识是主体对客体的消极反映。如英国思想家洛克提出直观反应论——"白板说"，认为人脑就像一块白板，外界不断地在上面刻记号，而人脑完全是被动反映。其优点在于坚持认识的客观性，不足在于没有看到其能动性。

马克思主义认识论：能动反映论。（被投影到银幕）

师：马克思主义认识论与旧唯物主义认识论不同，它是能动反映论。一方面它和旧唯物主义一样坚持反映论，但又否定了其消极性，认为人脑要对外界的反映进行主观加工。这正如恩格斯说："认识是能动反映。"能动反映论的特点是模写性与创造性。

能动反映论的特点是模写性与创造性。（被投影到银幕）

石涛的名作《搜尽奇峰打草稿图卷》（被投影到银幕）。

师：这是石涛的名作《搜尽奇峰打草稿图卷》，学生知道其创作秘籍吗？石涛之所以能成为山水画大家，其画之所以如此逼真，根本原因就在其经常到名山大川中去观摩、领悟自然风光，对其神韵及变化皆有深入洞悉，这恰好说明认识是对客观世界的反映，体现其"模写性"。注意：学到这里我们应可明白引入新课时为什么说"江山如画"从认识论的高度看是错的，因为画作为我们认识及创作实践的结晶恰是对江河山川模写的结果，而不是江河山川是对我们认识及创作的结晶——画模写的结果。这正如是我们的相片模写了我们，而不是我们模写了我们的相片。

郑板桥的名作《竹》及其名言："其实胸中之竹，并不是眼中之竹也。手中之竹又不是胸中之竹也。"（被投影到银幕）

师：郑板桥的《竹》冠绝古今，他总结创作经验时说"其

实胸中之竹,并不是眼中之竹也。手中之竹又不是胸中之竹也"。"眼中之竹"即大自然中的真实之竹,"胸中之竹"即人脑中竹的映像,"胸中之竹,并不是眼中之竹也"意即人脑中的竹的映像与大自然中真实竹子是有区别的,因为人脑已对其进行主观加工。其本意是说艺术源自生活,更要高于生活。它同时也说明认识并非对客观世界的简单模写,更要运用主观能动性对其进行创造,充分体现认识的"创造性"。

认识的实质:能动反映(被投影到银幕)。

师:既然认识既有"模写性",又有"创造性",故认识的实质是能动反映。

齐白石的名画《虾》及生活中真实虾的照片(被投影到银幕)。

师:请同学们观摩齐白石的名画《虾》系列,看看其"虾"是几节,同时又请看看照片中真实的虾是几节?

生:齐白石画中的"虾"是五节,照片中的虾是六节。

师:对,齐白石画中"虾"都是五节;而照片中的虾则是六节。是大师错了,还是照片错了?都没错,艺术源自生活,又高于生活,是对客观世界的反映,但又有能动性,又要改造提高。它充分体现认识的"模写性"与"创造性"的辩证关系。

三、为什么实践是认识的基础?(被投影到银幕)

师:这是本节课的重点难点。它包括四方面的内容:实践是认识的来源,实践是认识的动力,实践是检验真理的唯一标准,实践是认识的最终目的。

(一) 实践是认识的来源(被投影到银幕)

师:为什么实践是认识的来源呢?
《神农尝百草》画像(被投影到银幕)。

师：传说远古时期我们的先人很多人生病，却不知如何治病，这时一个叫神农的圣人，为解除人民的痛苦，到深山中遍尝各种植物，用自己的身体验证哪些植物可以治病及治哪种病。"神农尝百草"虽是个传说，但它间接地反映中国最早的医药知识是源自先人与疾病抗争的实践，可见实践出真知。

师：下面我们再看看毛泽东的"农村包围城市，武装夺取政权"的理论是怎样产生的。

黎冰鸿的油画《南昌起义》（被投影到银幕）。

师：这是黎冰鸿的油画《南昌起义》，南昌起义成功了吗？没有。

陈衍宁的油画《起义者》（被投影到银幕）。

师：这是陈衍宁的油画《起义者》，反映广州起义的场景，广州起义成功了吗？没有。

何孔德、高泉、纪晓秋、陈玉先的《秋收起义》（被投影到银幕）。

师：这是何孔德、高泉、纪晓秋、陈玉先的《秋收起义》，秋收起义成功了吗？成功了。

杨之光的国画《八角楼上》（被投影到银幕）。

师：这是我校教授杨之光的国画《八角楼上》，再现毛泽东总结革命成败的经验教训的场景：南昌起义、广州起义在城市进行，都失败了，秋收起义在农村进行却成功了，于是他得出：在中国要取得革命成功，只能走农村包围城市，武装夺取政权的道路。从以上四幅画得出结论：农村包围城市，武装夺取政权理论源自当时南昌起义、广州起义失败以及秋收起义胜利的革命实践。而王明等的"城市中心论"之所以是错误的根本原因就在其照搬苏联经验，而非源自中国革命实践。由此可见，实践是认识的来源。

最后，案例分析：《牧童论牛》："蜀中有杜处士，好书画，

所宝以百数。有戴嵩牛一轴,尤所爱,锦囊玉轴,常以自随。一日曝书画,有一牧童见之,拊掌大笑曰:'此画斗牛与?牛斗力在角,尾搐入两股间,今乃掉尾而斗,谬矣!'处士笑而然之。古语有云:'耕当问奴,织当问婢。'不可改也。",最后得出"耕当问奴,织当问婢"。(被投影到银幕)。

戴嵩的《斗牛图》及照片中斗牛图(被投影到银幕)。

师:学生看看戴嵩的《斗牛图》及照片斗牛图中的牛尾巴有何区别?

生:(   )

师:画家笔下的斗牛其尾巴是竖起来的,而照片中斗牛却是夹着尾巴,谁是真实的,当然是照片中的牛。为什么呢?因为两牛相斗时其力主要集中于牛角上,尾巴无力,故夹着尾巴。通过"牧童论牛"这个典故,我们得出结论:"耕当问奴,织当问婢",它说明认识源自生活实践。当然我们并不是要指责戴嵩违背常识,因为艺术毕竟虽源自生活,更高于生活。但现实生活,尤其生产实践、科学研究,可不是艺术,违背实践是认识来源这一原理就可能闹笑话,甚至犯大错。如"大跃进"时期"人有多大胆,地有多高产,不怕做不到,只怕想不到"的口号,就违背了实践是认识的来源这一原理,给党和人民造成灾难性后果。

(二)实践是认识的动力(被投影到银幕)

韩国臻的国画《一个人的自由》(被投影到银幕)。

这是韩国臻的国画《一个人的自由》,画中的主人公是恩格斯,恩格斯有句名言:"社会上一旦有技术上的需要,则这种需要会比十所大学更能把科学推向前进。"(《自然辩证法》)它说明实践是认识的动力。

雅克-路易·达维德的油画《马拉之死》(被投影到银幕)。

师:这是雅克-路易·达维德的油画《马拉之死》,同学们

第六章 教学模式与方法贯彻于《原理》课教学

知道其产生的原因吗?

生:(　　　　　　　　　　　　　　　　　　　　)

师:马拉是法国资产阶级革命时期雅各宾党的领导人之一,1793 年 7 月 13 日,被当时的右翼吉伦特党派遣的保皇分子谋害。为表达对反革命分子的无比愤慨,推动镇反运动的发展,达维德满怀悲愤,描绘了马拉被刺的情景。凶手逃遁,匕首抛在地上,鲜血从胸口流出,左手紧握着凶手给他的留言便笺,右手无力地垂落下来。可见镇反运动的实践需要是《马拉之死》诞生的动力。它说明实践是认识的动力。

潘鹤的《开荒牛》与《艰苦岁月》及思考题:潘鹤能在改革开放前创作《开荒牛》,改革开放后创作《艰苦岁月》吗?(投放到银幕)

生:(　　　　　　　　　　　　　　　　　　　　)

师:基本不可能,为什么呢?因为大凡名作诞生都是时代需要,《艰苦岁月》与《开荒牛》也不例外。《艰苦岁月》是毛泽东时代革命政治环境的需要,而《开荒牛》则是邓小平改革开放时代的需要。可见,革命或建设实践的需要是催生两副名作的动力,这也反映了实践是认识的动力。

(三) 实践是检验真理的唯一标准(被投影到银幕)

古今曾有过不同检验真理的错误标准:圣人、良知、《圣经》、天子等。(被投影到银幕)

师:古今曾有过不同检验真理的错误标准:圣人、天子、《圣经》、良知等。所谓圣人标准即坚持圣人的言行是检验真理的标准。如中国古代曾长期坚持"以孔子之是非为是非"的真理标准。明代思想家李贽就因主张"不以孔子之是非为是非"而被冠以"非圣无法"而被迫害致死。所谓良知标准即坚持人性本善,人的良心是检验是非的标准,如明代思想家王阳明说:

97

"良知是尔自家准则。"所谓《圣经》标准则主要指欧洲中世纪,一切以《圣经》作为评判是非的标准,而科学家布鲁诺则因坚持哥白尼"太阳中心说"而与《圣经》教义冲突,最终被教会活活烧死。天子标准即坚持以最高统治者之是非为是非的标准,其实质是权力标准,谁的权力大,谁的是非观就是真理标准。如中国古代皇帝是"开金口,露银牙",其好恶常成为是非的标准。而党的十一届三中全会前我们曾长期坚持以毛泽东的是非观为判辨是非标准,其实质是"天子"标准在新中国成立后的变种。

王晖的《无产阶级文化大革命万岁》及林彪的"毛主席一句顶一万句"(被投影到银幕)。

师:"毛主席一句顶一万句"对不对?

生:(   )

师:当然不对,这是"天子"标准的变种,正因为相信"毛主席一句顶一万句"才会有"大跃进"和"文化大革命"的出现。

李醒韬、梁照堂的水粉画《高举毛主席的伟大旗帜,跟着华主席胜利向前》及华国锋的"两个凡是"标准(被投影到银幕)。

师:"两个凡是"是华国锋倡导的,即"凡是毛主席作出的决策,我们都必须拥护;凡是毛主席的指示,我们要始终不渝地遵循"。"两个凡是"对不对?

生:(   )

师:也不对,这同样也是"天子"标准的变种,也正因为坚持"两个凡是"才会有粉碎"四人帮"后的两年徘徊,拨乱反正无法深入。

曹达立的油画《沉思》(被投影到银幕)。

师:画中的女主人公是谁?对,张志新烈士。"文革"期间

因坚持毛主席也有错的观点,反对以毛主席的是非为是非而遇害。其实质就是反对"天子"标准,反对以最高领导的话作为检验真理的标准。

实践是检验真理的唯一标准及党的十一届三中全会的照片(被投影到银幕)。

师:党的十一届三中全会的重要贡献就在于否定了"两个凡是"标准,重新确立了"实践是检验真理的唯一标准",实现了思想路线的拨乱反正。为什么实践是检验真理的唯一标准呢?首先真理是客观的,而实践是主观见之客观的人类活动,既是主观的,又是客观的,是主观联系客观的桥梁,故能成为检验真理的唯一标准。

王少伦的油画《1978年11月24日夜·小岗》(被投影到银幕)。

师:这是王少伦的油画《1978年11月24日夜·小岗》,它反映安徽小岗村农民商议包产到户的场面,体现中国农民"不唯上,不唯书,只唯实"的品质,正式拉开了中国改革开放的序幕。"只唯实"说明农民明白哪种生产模式好不好,不是由领导说了算,也不由书本说了算,而是由生产实践说了算,故实践才是检验真理的唯一标准。

李秀实油画《疾风》(被投影到银幕)。

师:这是一幅反映总设计师邓小平同志的油画,邓小平有句名言:"不管白猫黑猫,抓到老鼠的就是好猫。"即检验是否是好猫的真理标准就是能否抓到老鼠的抓鼠实践。可见,还是实践是检验真理的唯一标准。

(四)实践是认识的最终目的(被投影到银幕)。

司马谈:"《易大传》:'天下一致而百虑,同归而殊途。'夫阴阳、儒、墨、名、法、道德,此务为治者也。"(被投影到银

幕)

师：司马谈是司马迁的父亲，他认为：儒、墨、名、法等诸子百家的理论或认识都是"务为治者"，亦即为治国实践服务的，亦即实践是认识的最终目标。

东林书院的对联："风声雨声读书声声声入耳，家事国事天下事事事关心。"（被投影到银幕）

师：东林书院是明代的重要书院，许多读书人以此为基地，抨击时政，形成东林党人，他们抨击的主要对象是以魏忠贤为首的阉党。这副对联其实就是其治学旨向的反映，其意"读书"或者说学理论提高认识，是为了"事事关心"，"事事"亦即家国实践，亦即"读书"的最终目标是为家国实践服务的，它说明认识是为实践服务，实践是其最终目标。

周总理"为中华之崛起而读书"的典故（被投影到银幕）。

师：这是周总理的名言，"中华之崛起"即救国实践，"读书"即提高认识，这也证明实践是认识的最终目标。

黎明的雕塑《青年毛泽东》、罗奇的油画《公车上书》，以及思考题：艺术的目的是什么？（被投影到银幕）

生：(   )

师：《青年毛泽东》是为了激励广大青年，学习伟人忧国忧民，勇担责任，为中华民族的伟大复兴而奋斗。《公车上书》是激励广东人学习康有为、梁启超等前辈，解放思想，敢为人先。故艺术作为人类认识之一，其目标也多为实践服务。可见，实践是认识的最终目标，故必须坚持"文艺为人民服务，为社会主义服务"的"二为"方向，反对为艺术而艺术的错误观点。

胡锦涛同志指出："广大文艺工作者要认清时代和人民赋予的神圣使命，坚持为人民服务、为社会主义服务，坚持百花齐放、百家争鸣，坚持贴近实际、贴近生活、贴近群众，高擎民族精神火炬，吹响时代前进号角，创作生产更多无愧于历史、无愧

第六章 教学模式与方法贯彻于《原理》课教学

于时代、无愧于人民的优秀作品。"（被投影到银幕）

师：胡锦涛在中国文学艺术界联合会第九次全国代表大会上指出："广大文艺工作者要认清时代和人民赋予的神圣使命，坚持为人民服务、为社会主义服务，坚持百花齐放、百家争鸣，坚持贴近实际、贴近生活、贴近群众，高擎民族精神火炬，吹响时代前进号角，创作生产更多无愧于历史、无愧于时代、无愧于人民的优秀作品。"胡锦涛同志告诫我们必须"坚持为人民服务、为社会主义服务"的"二为"服务方针，而"服务"就是社会实践，可见"二为"服务方针其实还是强调艺术面向社会实践，为社会实践服务，具体在今天其实是强调为中华民族伟大复兴的社会实践服务。可见实践还是认识的最终目标。今天艺术生一定要面向和投入中华民族伟大复兴这一伟大实践，在这一实践中寻找灵感，为这一伟大实践贡献青春和力量，并"创作生产更多无愧于历史、无愧于时代、无愧于人民的优秀作品"。今天的新课到此结束。

师：最后课堂作业和课后思考题。

课堂作业：案例分析："尹定邦的成功之道"。

尹定邦，中国设计学的奠基人、中国工业设计协会副会长、广州美术学院教授。改革开放之初，当别人还死抱计划经济的工艺美术隔岸观火时，他已下海投入市场，成为弄潮儿，并大力推崇在设计实践中学习设计，倡导改革广美的教学体制，实施"产、学、研"一体化，并从实战提炼"设计移位"一系列理论，最终成集实战与理论为一体的中国现代设计的奠基人。他说："实践是我的设计哲学。"并一直教导笔者："你的'中国式设计管理'理论到底有没有价值不是由你说了算，而是设计实战中的设计师说了算，你的理论必须面向并服务设计实践，并在实践中检验，唯有如此才避免纸上谈兵。"请从认识论的高度分析尹定邦的成功之道。（被投影到银幕）

师：尹定邦"推崇在设计实践中学习设计"、"并从实战提炼'设计移位'一系列理论"，说明他认识到实践是认识的来源，"你的'中国式设计理论'到底有没有价值不是由你说了算，而是设计实战中的设计师说了算"说明实践是检验真理的唯一标准。"你的理论必须面向并服务设计实践"说明实践是认识的最终目标。尹定邦的成功之道验证实践是认识的基础这一马克思主义认识论绝对正确。

课后思考题：有人说，当今社会金钱与权力等诱惑太多，人心浮躁，要创作真正的艺术，就须两耳不闻窗外事，一心只做纯艺术，对吗？（被投影到银幕）

由上述可知，通过"实践是认识的基础"的案例教学演示，以"一体两翼"教学模式为指导，在《原理》课中贯彻艺术作品教学法、艺术案例教学法、传统文化教学法三大教学方法是可行的，这对如何提高《原理》教学实效有重要示范作用。

结语：

总而言之，如何以艺术院校"一体两翼"教学模式作指导，将艺术作品教学法、艺术案例教学法、传统文化教学法贯彻于艺术院校《马克思主义基本原理概论》课，是提高《原理》教学实效的重要举措。为此对其必要性进行了理论探讨，并以"实践是认识的基础"为例对其可行性进行案例演示，这对如何提高艺术院校思想政治理论课教学实效，将社会主义核心价值观融入艺术院校有重要启示。

但也须指出，在《原理》课中落实"一体两翼"教学模式，贯彻三大教学方法时首先应注意处理好如下两个方面的问题：

第一，要因应教学内容需要，灵活借鉴，切忌生搬硬套。因教学内容不同，不是每一堂课都适合并要贯彻三大教学方法；即使需要贯彻时，也要根据内容需要，三种方法各有侧重，有的是以艺术作品教学法为主，有的是以传统文化教学法为主，还有的

是以艺术案例教学法为主,当然也可三者并重。总之,切忌为贯彻而贯彻,为了形式,不顾内容,否则就会犯形式主义的错误。

第二,要正确处理马克思主义原理教育、艺术教育、传统文化教育的关系。马克思主义原理是"一体",是核心、灵魂,艺术类思政资源、传统文化中哲学智慧是"两翼",是辅助,后者是为前者服务的。不能因为强调贯彻三大教学方法而本末倒置,冲击马克思主义原理教育。否则就不是《马克思主义基本原理概论》课,而是艺术教育课、传统文化课。

其次,要在如下几个方面做出努力:

第一,学校在课程设计、人才整合、经费投入、职称评审等方面给予大力支持。如何将"一体两翼"思政课教学模式和三大教学法落实贯彻于《原理》教学实践,其细节方面有许多尚待完善的地方。须指出,贯彻三大教学方法需要耗费大量的精力,比如,如何设计每一堂课,都要在每一个教学细节精心策划,方能取得良好的教学实效,而一旦细节没把握好,常会画虎不成反类犬。而高校教学创新又常与职称评审等教师切身利益关系不大,因此,许多教师对将三大教学法落实贯彻于《原理》教学实践动力并不强烈。故要激励教师全身心投入教学改革,并做好细节,切实将三大教学法贯彻于《原理》教学实践,就须学校在课程设计、人才整合、经费投入、职称评审等方面给予大力支持。

第二,要进一步提高教师的艺术学修养。艺术学校的思政课教师多为思想政治教育及其相关专业毕业,其马克思主义理论素养自然不成问题,但其艺术学修养多先天不足,故如何挖掘思想政治教育、传统文化、艺术学三门学科交融点,贯彻艺术作品教学法、艺术案例教学法,常捉襟见肘。为此,要充分利用艺术院校有利的艺术资源,加强对思政教师的艺术素养培训,鼓励思政教师攻读艺术学博士学位;同时引进一些艺术学的青年博士从事此项教研，并鼓励有志于思政教育的艺术专业教师攻读思政专业的博士学位，并在经济和职业规划上予以鼓励与倾斜，最终整合和培训一支能够融合艺术与思政的师资队伍，为其提供师资保障。

第三，要进一步拓展研究范围。为落实贯彻"一体两翼"思政课教学模式和三大教学法，要进一步拓展研究"思想政治教育美学"、"马克思主义文艺理论"，并拓展编辑《艺术名人名言选录》、《红色经典艺术作品选录》、《老艺术家艺术人生音频选录》、《"画"说马克思主义》等基础工作。

第七章　教学模式与方法贯彻于《基础》课教学

一、《基础》课教学的理论探析

　　教育要以生为本作为一大教育要义已成为教育界的共识。《思想道德修养与法律基础》课（以下简称《基础》课）作为一门对大学生进行马克思主义理论和思想品德教育的课程，主要目的是帮助大学生科学认识人生，加强道德修养，树立应有的法治观念，帮助他们构筑精神支柱，创造条件促进他们人格的提升和全面发展，以及人性的唤醒和个性的塑造，所有的课程活动更应该围绕教育对象的特点来展开，才能实现其有效性。艺术院校作为高等教育体系中的一个组成部分，既具有普通高校的一般性质，同时也带有鲜明的专业烙印，艺术院校的学生在思想认识、情感心理以及专业学习等方面具有明显的特点。艺术院校的《基础》课运用"一体两翼"教学模式，即以思想政治教育为核心，以人文素质教育为拓展，以艺术类思想政治教育资源为辅助，在适应教育对象的认知规律和心理需求特点，提高课程有效性方面非常有实效。

（一）艺术院校《基础》课教育对象的特殊性

　　作为艺术院校《基础》课的教学对象，艺术专业的学生是大学生中的一个特殊群体，他们不仅具有其他高校大学生的共性特点，也有明显的特殊性。

1. 艺术专业的学生个性鲜明，富于自信，但自我认知不足

艺术创作强调个性，艺术作品往往凝聚了创作者对生活的独到发现和深刻理解，渗透着创作者独特的审美体验和审美情感，体现其鲜明的艺术风格和美学追求。任何优秀的艺术作品，在内容、风格或者表现手法上都应当具有独创性。著名画家潘天寿就曾讲过："艺术要有独创，要有风格，否则艺术就没有生命。"在长期追求艺术创作创意化和个性化的专业训练和专业熏陶中，艺术院校的学生往往追求个性，强调自身行为自由，甚至落拓不羁；他们才艺突出，思想活跃，有激情，好奇心强，更容易接受新事物，富有创新精神和创造力、表现力。多数艺术类大学生对自己评价偏高，更多地产生自我欣赏、自我陶醉的心态，一切以个人的感悟、喜好为出发点，以自我为中心，不能站在客观的角度分析、评价自己，主观盲目性较大，时常产生眼高手低的状况。在学习、工作中容易期望值过高，又缺乏承受挫折的心理准备，在困难面前不善于调整目标和调整自己。

2. 艺术专业的学生情感丰富，富于观察力和想象力，感性思维强，但理性思维相对较弱

艺术创作往往源自创作主体对外部世界的细致观察而引发的表达内心情感的要求与冲动，创作主体在创造中所表达的是对客观现实的一种感受，然后调动强烈和丰富的想象来从事创作，才能创造出有血有肉、生动感人的艺术形象，所以艺术创作需要靠感性。这些专业的要求使艺术专业的学生相比于其他专业的大学生，更善于以独特的视角观察生活，更擅长对事物的审美判断和批判性思维，具有更为敏感的洞察力，具有比较时尚前卫的开放

性格和感性化的生活态度等人格特点。但是，他们对事物的认识容易停留在感性层面上，只看表面而不分析本质，只看部分而忽略整体。同时，由于过于专注事物外表和形式的审美性细节，而钝于对事物的其他价值性判断，从而忽视或者漠视了其中隐含的其他价值问题。

3. 艺术专业的学生专业情绪浓厚，但忽视基础理论的学习，文化素养较低

艺术专业的学生一般都是因为兴趣而选择学习艺术，所以普遍热爱专业，而且他们普遍认为专业水平的高低将决定将来谋生能力的强弱，因此能够积极主动地加强专业学习。但是，由于高考时专业成绩在艺术专业招生和录取中占有很大比重，所以造成了艺术专业的学生从中小学到大学阶段的绝大部分课余时间被专业技能的训练所占用，而且对文化课相对不重视，无法与其他专业的学生一样扎实、牢固地学习文化知识。再加上艺术类考生的文化录取分数线远低于同批次的其他专业。先天与后天的不足，主观与客观的原因导致了艺术院校学生的文化基础薄弱、知识结构单薄、文化水平与素养相对低，喜欢逃避时事政治。这些学生在学习《基础》课时往往或备感吃力，或兴趣索然。

4. 艺术专业的学生社会化程度相对较高，渴望早日成才，但对当下社会缺乏理性分析，功利主义明显

艺术创作一方面凝聚着艺术家主观的审美理想和情感愿望，另一方面又是对客观社会生活的反映，社会现实生活才是艺术创作的主要源泉和基础，所以艺术专业的学生在专业学习的过程中有大量的机会接触社会，与其他同龄人相比，积累了相当丰富的人际交往经验和社会经验，受社会环境的各种影响比较大，更加渴望早日成就事业。但是自身政治和文化素质的欠缺，不可避免

地造成艺术专业的学生某些能力的缺失,如逻辑思维与辩证分析能力和科学的判断能力等。他们往往对事物缺乏正确的分析与见解,过多地追求名利,在与人交往时实惠化、功利化、势利化、庸俗化倾向明显。在价值取向上,凸显感性务实。

5. 艺术专业的学生受专业老师的影响比普通高校的学生更大

艺术专业教学方式有着自身的特殊性,一般是小班和小组的范围教学,学生与专业教师接触的时间比较长,交流更深入,关系更密切,这就导致专业教师对他们的思想和行为影响很大。特别是事业有成的专业教师,他们高尚的人文修养更能对学生产生有效的感染。

(二) 艺术院校《基础》课传统教学的不适应性

在针对教育客体的特殊性方面,艺术院校《基础》课的传统教学表现出比较强烈的不适应性,具体表现如下:

1. 教学观念与教育客体实际情况的不适应

《基础》课的内容包罗万象,涉及历史、政治、文学、法律、心理学、伦理学、社会学、青年学等学科领域,有着很强的理论性、科学性及政治导向性。不少艺术院校《基础》课的教学观念仍然认为课程的讲授必须要着重概念的表述、观点的论证以及对各种规范的解说,强调理论阐述透彻、逻辑结构严谨、学术探讨前沿。但实际情况是,艺术院校的学生绝大部分的专业发展方向是艺术创作,而非思想政治理论的研究或教学,他们并不需要掌握完整严密的思想政治学科理论。而且与其他专业的大学生相比较,相对较低的文化理论水平也决定了他们无法理解和把握深奥枯燥的课程内容。这种教学观念与教育客体实际的不适应

第七章 教学模式与方法贯彻于《基础》课教学

必然导致学生对课程望而生畏,《基础》课流于形式,不为教育客体所接受,甚至引起反感。

2. 教育内容与教育客体实际需求的不适应

艺术院校的《基础》课存在过分强调高层次而忽视了基础层次上的目标的情况,很少去正视学生的内心需要,不顾或忽视了教育的个体功能,导致课程内容空泛、滞后,不能适应社会和个人全面发展的需要。主要表现为内容脱离社会实际,脱离学生的身心发展实际,重复信息过多,缺乏新意,与现实生活联系太少,从而不能面对开放的社会和多元价值的现实,难以回答学生价值观的冲突问题。课程内容中理论是一套套的长篇累牍,但当具体到学习生活工作的细节时要么是内容苍白,毫无说服力,要么就是上纲上线,将生活琐事一下子提到很高的理论上,缺失了中间环节。目前,在很多艺术学子的心目中,《基础》课教学尚未摆脱空洞说教、枯燥乏味、短于解决问题的课程形象。另外,大多数艺术院校的《基础》课教学模式多数以理论课为主干,实践性教学仅仅作为其辅助性环节,甚至有部分学校因为课时和实践经费的缺乏而放弃实践环节。这对于以感性思维见长的艺术类学生而言,一方面是《基础》课提倡的价值观念很难成为学生的信念,更难形成道德的行为动机,另一方面学生不能从实践中去经历道德情感体验,难以巩固《基础》课所倡导的道德观念。教育内容与教育客体实际需求的不适应导致《基础》课不能充分发挥其有效性。

3. 教学方式与教育客体个性特点的不适应

长期以来,在艺术院校的《基础》课教学中,大多沿袭传统的"注入式"教学方法,即使使用了多媒体教学课件,教学过程中仍然还是只注重教师单方面的传授理论,重教有余,重学

不足，理论灌输有余，启发不足，理性分析有余，感性引导不足，导致学生在教学中参与程度较低，削弱了学生的主体作用。而当前，学生的思想观念已经发生转变，他们不再"单一"，反而"多元"起来。学生们越来越要求一种开放式的互动教育，希望老师能像朋友那样真诚、友好地交流，因而对以前的指令性教育方式存在普遍的反感和抵触。这种不适应性在普通高校也普遍存在，但是因为艺术院校学生鲜明的个性特点，使他们在思想上和行动上更加不能完全协调一致，教学方式比教学内容更能影响一门课程在他们心目中的受欢迎和被接受程度，所以这种不适应对课程有效性的制约和影响就更为明显。

（三）贯彻"一体两翼"教学模式与方法，提高《基础》课教学实效

根据教育客体的个性特点以及艺术院校的教学规律，在艺术院校《基础》课教学中运用"一体两翼"教学模式与三大教学方法，对于提高其教学针对性和实效性具有重要的意义。

1. 艺术院校《基础》课教学必须始终以思想政治教育为核心，这是根本

《基础》课是高校思想政治理论课的必修课程，是高校对大学生进行德育教育的主渠道和思想政治教育的主阵地，它传授的是与我国社会主义国情相适应的马克思主义的科学世界观、人生观、价值观、道德观和法制观。这些是一个科学的知识体系，是以马克思主义科学理论为基础，以社会主义核心价值体系贯穿始终的，学生很难天生或者自发形成，需要教育者外在的宣传、引导和讲解与接受教育者的内在自觉接受相统一。《基础》课的性质决定了它深刻的思想性、鲜明的政治性和较强的理论性。《基础》课的教学如果淡化或者抛弃其思想

政治教育这一核心,只是简单地迎合学生低层次的需要,最终无法合理地解释社会现象,无法弘扬民族精神和时代精神,无法帮助学生形成和保持与社会主义核心价值观相一致的理想信念、人生观、价值观以及相应的思想道德素质与法律素质,课程的目的也最终无法实现。

2. 艺术院校《基础》课教学应以人文素质教育为拓展,实现由专业教育向素质教育的转变

在艺术院校,学生有着非常明确的艺术设计专业方向,《基础》课的教学目的并非是技能与知识的培养,而是要通过思想引导,帮助学生完成信仰塑造、精神升华和人格培养的过程。在教学中,教师对马克思主义及相关理论的讲授,学生对理论的正确理解和掌握,都只是种手段和工具,帮助学生逐步培养科学的思维方法和正确的价值观、人生观与世界观,从而成为一名和谐发展的社会主义人才,这才是课程的最终目的。艺术院校的《基础》课教学除了知识性与理论性之外,更重要的是要实现其德育教育及素质教育的功能。与普通高校的学生相比,艺术院校的学生更热爱本专业,有更强烈的成才成名的愿望,常常根据一门课程与他们的艺术专业的相关性来确定对这门课程的态度。当他们感到某门课程的教学活动与他们的专业成长相距甚远,甚至无关时,他们就会采取比普通高校学生更为消极的态度。一旦教学不是枯燥的说理,而是与他们早日成才相联系,使学生感觉到有助于他们综合素质的提高和专业学习与事业的发展时,他们就会产生听课和学习的兴趣与动力。所以,艺术院校的《基础》课应从传统的强调理论性和知识性转变为强调其德育教育和素质教育的功能,强调课程的现实性和实用性。笔者在讲授《基础》课的绪论时,就向学生强调,勤奋的练习成就精湛的艺术造诣,丰富的人文知识和良好的修养才能赋予作品生命。笔者分别选择了几幅宋、元、明、清时期的同一题材的文人画与工匠画,让学生对比赏析,并分析造成前者雅致后者俗气的原因:艺术作品是创作者思想境界、气质特征、审美水平、文学修养和艺术功底的综合反映,文人画所透出的这种"雅正之气"正是创作者通过对人文知识的学习及平时的个人修养,使其精神品格陶冶到超拔尘俗的境界的一种表现。从而使学生明白艺术创作并非单纯的技巧问题,缺乏深厚的人文素养和个人修养作为内涵,就无法很好地塑造艺术形象,即使勉强为之,也会因为情感的贫乏或意境的空洞而显得毫无生气,达不到气韵生动的理想之境。单纯地强调专业技术训练而忽视人文素质与道德品质的修养,只能把自己培养成画匠、工匠、歌匠或舞匠,而永远成不了真正的艺术家。笔者在讲解《基础》课的"促进个人与他人的和谐"专题时,事先收集了毕业生中创业的成功和失败的典型例子,在课堂上对比说明和谐的人际关系所起的重要作用,从而说明当代大学生不能只埋头学习专业,而应培养自己与人有效交往的能力,一个人如果不懂得与他人合作,那么他掌握的知识和技能再多也无法在工作中施展,如果培养起与他人合作的意识与能力,那么即使技能与知识稍逊一些,也能因获得了他人的帮助和更多外界有利的资源而得到弥补,这就是"众人拾柴火焰高"的道理。一个看似与艺术专业相距甚远的理论因为淡化了知识性而强调了它的素质教育的内容,与大学生的成才和事业发展相联系,更容易打动学生,为学生所接受并加以内化。当学生们意识到课程的理论与知识能有助于他们增强适应社会的能力、分析问题的能力、生存能力和自我保护与管理的能力,真切地感受到课程对于他们的成长是大有作用的,自然学习的热情就会高涨。

3. 艺术院校《基础》课教学需要以艺术类思想政治教育资源为辅助，灵活运用三大教学方法，形成教与学的良性互动机制，提高课堂教学效果

第一，艺术作品教学法的运用。由于前文所述的特点，艺术专业的学生往往抽象思维迟钝而形象思维活跃，对视觉传达的领悟性一般高于普通高校的学生。艺术作品教学法就是根据教学任务，精心选择与之相关的艺术作品作为切入点，展开别开生面的教学，它所营造的形声结合，视听互动往往能把学生紧紧地吸引到课程中来。《基础》课利用艺术作品开展教学的方法主要有两种，一是借助艺术作品将《基础》课中过于抽象和枯燥难懂的理论具体化形象化，引发学生的学习兴趣和注意力。笔者在为美术设计专业的学生讲授知识产权法律制度时，便选用系列经典的米老鼠、唐老鸭卡通图片及世界各地不同时期使用这些形象所创作的装潢、平面广告与产品设计等，在引起学生的兴趣后，再引导学生思考一系列的问题："如果要在自己的作品中使用这些卡通形象，应该考虑到什么法律问题？""如果使用了这些卡通形象的作品在中国大陆和境外展示和销售是否都需要征得迪士尼公司的同意？""本来只属著作权客体的美术作品如果用在产品外观设计或者商标设计上，又会衍生出什么权利？"进而浅入浅出地讲解了知识产权的几大特性——专有性、时间性和地域性，以及著作权、专利权与商标权这几大知识产权的概念及其相互关系。接着再通过米老鼠为迪士尼公司赚取第一桶金的故事及历史上曾发生的米老鼠版权侵权案，让学生理解知识产权中的人身权及财产权等概念。几张生动有趣的艺术作品串起了一节课的几乎全部知识点，使学生在轻松的气氛中理解了枯燥的法律条文，也认识了法律知识与专业生涯的密切联系。另一种是直接借用艺术作品的艺术感染力来强化教学效果。艺术是意识形态的重要部分，好的艺术作品往往能反映各个时代的精神，有着丰富的思想内涵，其中所蕴含的德育资源的教育功能和社会价值，不亚于其艺术价值。艺术作品所散发出的强烈感染力有助于传播社会主义核心价值观，净化人的心灵，塑造人的品格，挖掘和发挥其育人功能，是提高《基础》课教学效果的重要手段。如结合潘鹤的雕塑《艰难岁月》进行革命传统和"追求远大理想，坚定崇高信念"的教育，结合关山月的国画《江山如此多娇》进行爱国主义教育；结合杨之光的《生命中的头一回》、《矿山新兵》和《九八英雄颂》进行"领悟人生真谛，创造人生价值"的教育，结合潘鹤的雕塑《拓荒牛》进行改革开放的时代精神教育，等等。

第二，艺术案例教学法的运用。名艺术家们不仅艺技超群，而且往往德高望重，他们的创作生涯不仅是不懈刻苦钻研、进取努力以精进业绩，使自身的技艺水平达到出类拔萃的高度的过程，更是凝成高尚思想修养和品质的历程，他们求艺和成才的道路上充满了曲折与艰辛、迷惘与坚持。孜孜不倦的追求成就了他们精湛的艺术造诣，深厚的人文素养和良好的修养赋予了他们作品生命。他们的艺术人生中蕴含着丰富的人生哲理与启示。例如，"勤习技艺，常修人品，成就艺品"的著名雕塑家潘鹤谈其艺术人生时常提及其多舛的命运及艰辛的雕塑创作经历，并教育学子们要在困难面前不妥协、勇于探索、光明磊落、堂堂正正做人。著名版画家胡一川也说："有了伟大的人格道德才有伟大的感情，有了伟大的感情才有可能创作出伟大的作品。"他是这样说的，也一直坚持这样做的。"立理想信念，树民族精神"的著名国画家杨之光先生在很年轻的时候就立志进入历史，进入博物馆，即使长期被讥嘲为不自量力的"狂妄"，他也始终以一种明晰的追求、以一种温和谦逊的姿态、以一种坚忍不拔的精神，去逼近自己的人生目标。"肩负社会责任感，牢记社会使命"的著名版画家、老艺术家刘其敏,一生不求名不求利,生活异常拮据,却关注农村与农民,默默资助贫苦学生,慷慨向灾区捐款却从不留名。著名国画家杨之光向国家捐出了所有的个人作品,女儿想收藏他的画也只能到市场上去买。正是强烈的社会责任感与使命感,给他们的创作浇注了动力,赋予了意义。"恪守本分,敬业奉献,创造人生价值"的著名中国美术史家、广州美术学院终身教授陈少丰先生,任教40余年间,为中国美术史的教学与研究工作倾尽了大半生的心力,直到临近生命的终点,还在抱病坚持教学工作,为我国的美术史论研究和美术教育事业培养了一批高层次人才。艺术生普遍容易对艺术大师产生景仰甚至崇拜的心理,运用艺术案例教学法,把艺术名家请至课堂,将能反映他们的世界观、人生观、价值观、艺德与人品等方面的案例运用到《基础》课教学中去,更易引起艺术生的共鸣和认同,定能大大提高教育的有效性,并最终有利于青年学生的成才。笔者在讲授《基础》课"追求远大理想"的专题时,就选用了"艺术人生——著名青年形象设计师李东田"这部短片,片中设计师李东田为实现自己理想而孜孜求学与苦练不息,让学生深受触动,并从中看到了自身的不足。李东田的"成功就是找准了一个目标后的坚持"、"成功就是努力、认真加勤奋"、"以最开放的方式去想象和思考,以最传统的方式去干活,这一定可以成为一个好的职业人"、"人不脚踏实地,不从一个脚印一个脚印地做起,那是成功不了的"一时成为学生追捧的名言。艺术案例教学使《基础》课抽象的理论具体化,深奥的哲理形象化,枯燥的知识趣味化,适应了艺术学生的个性特点,极大地提高了《基础》课的教育效果。

第三,传统文化教学法的运用。我国传统文化在数千年的发展中积淀了丰厚的内容,形成了完备的体系,并通过大量经书诗文、生活习俗、人物典范等形式流传下来,有形或者无形地影响

着人们生活领域中的各个方面,对几千年中国社会的历史发展和中华民族文化心理结构、伦理道德的形成,产生了不可估量的作用。传统文化中凝聚了许多传统美德,蕴藏着丰富的德育资源。首先表现在以礼待人、厚德载物的兼容仁爱精神。《易经》中说"地势坤,君子以厚德载物",《中庸》亦言"万物并育不相害,道并行而不相悖"、"海纳百川,有容乃大",这些都显示了中华民族那种无比宽阔的襟怀。我国传统文化强调舍生取义、见利思义、推己及人,强调与人为善,从而形成了重名誉、尚气节的人格精神,进而促成了追求自我完善的修养观念。传统美德还表现出了重公、尚义、爱国的道德意识和自强进取有为的精神。西汉思想理论家贾谊提出的"国而忘家,公而忘私"、宋明理学的"公而无私便是仁"、诸葛亮的"鞠躬尽瘁,死而后已"、顾炎武的"天下兴亡,匹夫有责"等都不断强调着一种国家利益高于一切的大局主义精神,以及人生的价值在于奉献的观念。所有这些凝成了我国道德遗产中的精华——精忠爱国、勤劳勇敢、团结友爱、尊师重教、诚信待人等思想。而这些正是《基础》课的主要内容。当今的中国社会处于一个急速变化的时代,多元价值观碰撞和冲突。与改革开放前相比,一方面社会财富极大增加,人民的生活水平大大提高,另一方面伴随着市场经济的发展,出现了许多不良现象,如:急功近利、物欲横流、金钱至上、道德沦丧、污染严重、诚信缺失、崇洋媚外,人们的精神生活和文化生活相对贫乏,文化修养、文化创造力普遍下降,甚至出现许多荒诞、怪异、浅薄、粗陋的文化现象等。因为艺术活动及艺术学生的特点,这一系列现象对艺术学生的影响尤为明显。传统文化中重人际关系、重社会和谐、重道德修养、重礼义廉耻、重道德自律、重理想人格、重和而不同等思想资源成为全社会最需要了解和最需要获得的东西,也是《基础》课最需要重点讲授的内容。可以说,《基础》课里所倡导的社会主义核心价值观、荣辱

观、伦理道德观、职业道德观、行为准则、爱国主义思想、积极的人生态度、健康的生活情趣等都能够在我国传统文化中找到渊源。在运用传统文化教学时，要注意摒弃其中不合时宜的落后的部分，如重君轻民、重上轻下、重权力轻民主、重家庭轻个人、重德轻情、重德轻法等。同时，依据新的时代精神对传统文化进行重新解析和发挥，让其焕发出时代的智慧光芒。例如，儒家伦理一方面以"仁"为核心形成了古代文化的人文情怀，另一方面，以"礼"作为外在的行为通则，以"智"代表在道德方面抉择取舍的明智。"仁"经过现代改造，可以转化为现代人文精神，成为"以人为本"的精神资源。这是人际和谐、社会和谐的根本。"礼"体现的是确立秩序，在现代可以延伸为以构建群体的协调和谐来促进或推动社会秩序存在。"礼之用和为贵"作为礼的一部分，同时又可从深层理解为治国安邦的理念，引申出对外倡导"协和万邦"，对内期望"政通人和"，构建和谐的国际国内政治社会环境。"智"是孟子后来对孔子伦理观的补充，原指道德智慧，在现代可以根据时代的需要进行重新的解释，将其延伸为科学的智慧、善于与人合作的智慧、个人生存技能与业务能力的培养、科学精神与人文精神的结合和统一、创新的精神，等等。传统文化中的一些内容被赋予新意，体现了时代性、实效性与科学性，就更能为课程服务。把我国的传统文化中的合理成分和积极因素用于《基础》课的教学，能大大增加课程的说服力，助力于道德良知、正义力量、健全人格和善良本质在学生中的的回归。

二、《基础》课教学设计实例

【授课内容】知识产权法律制度——著作权法（《思想道德修养与法律基础》高等教育出版社 2009 年版第八章第二节

第三讲)。

【课时】两课时(90分钟)。

(一)课前分析

知识产权是法律赋予公民、法人或其他组织对其创造性的智力成果享有的专有权利。在知识经济的社会中,各领域的创新程度和对知识产权的保护力度直接影响该领域的发展。知识产权法是确认、保护和利用著作权、工业产权以及其他智力成果专有权利的一种法律制度,一方面为智力成果完成人的权益提供了法律保障,调动了人们从事科学技术研究和文学艺术作品创作的积极性和创造性;另一方面,为智力成果的推广应用和传播提供了法律机制,保护智力成果转化为生产力,运用到生产建设上去,直接或者间接地产生了巨大的经济效益和社会效益。还为国际经济技术贸易和文化艺术的交流提供了法律准则,促进人类文明进步和经济发展。

艺术院校的学生因为专业的原因,创作一般都会伴随其终生,无论是目前的学习或者将来的工作,都将面临着如何合理借鉴他人成果和如何依法保护自己的创作,并充分发挥和实现其效益的问题。因此,对知识产权法的了解和学习就尤显重要。根据学生这一专业需要,本课程计划对知识产权法,特别是其中的著作权法进行较为详细的讲解。

(二)教学设计

1. 教学目的

(1)知识方面:通过教学帮助学生了解我国知识产权法的内容与五大特点——无形性、专有性、地域性、时间性和法定性,知识产权之一的著作权的基本法律规定,包括:著作权的内容、著作权的合理使用、许可使用和转让、著作权的侵权赔偿。

(2) 能力方面：通过教学，使学生掌握基本的关于知识产权和著作权的法律知识，学会依法保护自己的知识产权，并且遵守法律规定，承担法律规定的义务和责任，不侵犯他人的知识产权。

(3) 觉悟方面：通过教学，培养学生以下意识。

第一，主体意识，明确认识到自己作为一个公民，是社会各种公共生活的参加者，是一个具有独立意识与独立地位的权利义务主体。

第二，权利意识，明确认识到自己在不同领域享有不同的权利，懂得权利的正当性与合法性，在法定的范围内主动追求和行使自己的权利。

第三，责任观念，明确认识到自己既要承担法定的义务，又要对自己所做出的行为负责，承担因自己过错而必须承担的法律责任。

2. 教学方法设计

美术设计专业的学生普遍具有感性形象思维强，理性抽象分析能力弱，重专业、轻人文的特点，因此，在讲授比较枯燥抽象的法律条文时，运用艺术作品和艺术案例教学法，力求贴近学生的学习与生活实际，以期引发学生学习积极性，从而实现教学目的。

3. 教学重点、难点设计

(1) 教学重点：知识产权的特点、著作权及其权利内容、著作权的许可使用和转让、著作权的侵权赔偿。

(2) 教学难点：著作权的构成要件——独创性、著作权的合理使用。

（三）教学实施方案

导入设计：

【导入】通过PPT将广州美术学院陈老师的一座雕塑作品投射到银幕，并向学生讲述由这雕塑而引发的一起侵权纠纷。

教师陈述事情经过：2001年5月陈老师应一向有合作关系的广州某雕塑公司老总何××的口头邀请，为广州市太和镇设计一个标志性雕塑。约一周后，他便拿出了这个设计方案：一个狂草的禾字，托起一轮红日，喻意"太和"。太和镇决定选用他的作品为镇雕主体，但基座则定为另一作者的方案。到11月底，陈老师突然得知，太和镇未经他与基座作者的许可，就建起了高达21米的不锈钢镇雕，镇雕落成的消息还登上了本地一家报纸，报道称雕塑的作者为基座作者，压根没有提到自己的名字。陈老师十分气恼，他强调：钱是小事，重要的是无法接受自己的合法权利被侵犯。而且，他认为，雕塑作品与其他艺术作品不太一样，设计者要参与施工的过程，这样才能使作品具有设计者想要表达的艺术性与感染力。而太和镇另外找人修建的雕塑，形似而神离，线条、棱角都没有了他原作的那种艺术张力。因此，他提出，太和镇除了要登报赔礼道歉外，还要拆去这个"镇雕"。而太和镇政府却坚称由始至终不知有"美院陈老师"的存在，他们只是把设计任务委托给环宇公司，并且向环宇公司支付了设计费。事实是环宇公司又把设计委托给广州某雕塑公司，并且也把设计费转给了雕塑公司，但雕塑公司却用来抵作之前双方的其他业务欠款了。

问：陈老师有没被侵权？如果有的话，被侵犯的是什么权利？应该向谁主张侵权责任？

由学生的回答引出知识产权的概念。以下板书投影至屏幕：

第一节　知识产权概述

1. 知识产权的概念

知识产权,又称智力成果权,是指人们依法对基于智力创造的成果所享有的专有权利。主要包括著作权、专利权、商标权等。

师:知识产权是一种民事权利,但与其他的民事权利相比,又有着一些独有的特点。

2. 知识产权的特征(板书投影)

师:陈老师对他的作品拥有知识产权,这种权利以他的作品为载体,但又独立于作品之外,它既不是物,也不是行为,而是一种智力成果。也就是说人们是无法用五官可以感知的,也不是某种物质实体,没有形体,不占有空间。即使作品离开了自己的控制,但权利仍无形地存在着并专属于权利人——陈老师,未经陈老师的同意谁也不能使用这作品。陈老师既享有对作品进行处理、修改等人身权利,又享有因为行使这些权利而产生的财产权。这就是知识产权的三大特性:无形性、双重性、专有性(板书投影至屏幕)。

(将几张经典的米老鼠卡通形象以及使用了这些卡通形象做外观设计的产品图片投影至屏幕。)

师:米老鼠的卡通形象的知识产权属于谁?这些商品的生产者使用米老鼠前是否要征得迪士尼的许可?(学生一般都会给予肯定的回答)其实不需要的,因为为了既保护创作者的积极性又兼顾智力成果的社会作用的最大限度发挥,世界上所有国家对知识产权的保护都是有时间性的,一旦超过法律规定的有效期限,这一权利就自行消失,任何人都可以自由使用,且无需支付任何报酬。我国知识产权法对著作权的保护期是单位为权利人的,自作品公开至之后的第 50 年的 12 月 31 日,米老鼠卡通形

象创作并公开于 1928 年的《汽船威利》动画片上,至今已过保护期,任何人都可自由使用。这是知识产权的第四大特征:时间性(投影至屏幕)。

师:但是假如这些商品要销往美国的话就要小心,必须要征得迪士尼的使用许可,否则构成侵权。因为美国的知识产权法对单位作品的保护时间为自作品公开之后的第 95 年,米老鼠的形象版权在美国仍在保护期。知识产权不是一种自然权利,必须经国家主管机关依法直接确认才能产生。同时又是一种受地域限制的权利,一国法律所确认和保护的知识产权,只能在这个国家领域内有效。要得到其他国家的保护,必须按照其他国家的法律规定或者国际公约,经特定程序获得。这是知识产权的第五、第六大特征:地域性、法定性(投影至屏幕)。

师:知识产权主要包括著作权、专利权和商标权,知识产权法指的就是著作权法、专利法和商标法。陈老师的作品以及米老鼠卡通形象产生的就是其中的著作权,受著作权法的保护。

3. 知识产权主要包括著作权、专利权和商标权,知识产权法主要指著作权法、专利法和商标法(投影至屏幕)

第二节 著作权法(投影至屏幕)

《著作权法》是调整因著作权的产生、控制、利用和支配而产生的社会关系的法律规范的总称。(投影至屏幕)

1. 著作权,是指基于文学艺术和科学作品依法产生的权利(投影至屏幕)

师:著作权法规定,著作权是指基于文学艺术和科学作品依法产生的权利。文学艺术和科学作品是著作权产生的前提和基础,可以说,没有作品,就没有著作权,脱离具体作品的著作权是不存在的。著作权,在我国也有学者习惯称之为版权。著作权即版权。著作权通常有狭义和广义之分。狭义的著作权,是指各类作品的作者依法享有的权利,广义的著作权是指除了狭义著作权以外,还包括将原有的作品进行演绎、加工、编辑等而产生的新的作品所衍生出来的新著作权,艺术表演者、录音录像制品制作者和广播电视节目的制作者等依法享有的权利。

将一系列曾经发生过著作权侵权纠纷的作品的图片投影至屏幕:广美谢老师的油画作品《陶》、中央电视台大楼建筑设计、杨丽萍孔雀舞的剪影、SHE女生组合《不想长大》MTV专辑、世纪龙公司2008年北京奥运会首场正式比赛实时转播。

师:(联系屏幕的图片来讲述相关的侵权案例并展开分析)著作权所说的作品的范围比较广,这些作品均可产生相应的著作权。

(随着讲述将以下板书投影至屏幕)

2. 著作权的客体——作品,即著作权法的保护对象

(1) 文字作品。

(2) 口述作品。

(3) 视觉艺术作品:美术、建筑作品、摄影、以摄制电影制作的方法创作的作品、模型作品。

(4) 表演艺术作品:音乐、戏剧、曲艺、舞蹈、杂技。

(5) 科学技术:计算机软件等。

(6) 法律、行政法规规定的其他作品:民间文学艺术作品等。

师:著作权是随着作品的完成而自动产生的,但是并不是所有作品都当然地产生著作权。著作权法规定,作品要具备以下要件才享有著作权:

(投影以下板书至屏幕)

3. 著作权法保护对象的必备条件

(1) 独创性——指表现形式而不是思想内容。

(2) 表现性——有一定载体、可复制性。

师：顾名思义，独创性就是自己独立的见解，不能剽窃，但这种独创性存在于作品的表达之中，作品中所包含的思想并不要求必须具有独创性。由不同作者就同一题材创作的作品，只要作品的表达是独立完成并且具有创造性，应当认定作者各自享有独立的著作权。表现同一思想或情感的文学艺术作品，往往大量反复出现，都各有其著作权，只要它们不是相互抄袭的。比如，近年来的电视连续剧，反映清代康熙、雍正、乾隆皇帝的就有多部，虽然它们的艺术形式雷同，但具体表现形式和编排以及表达各异，互不抄袭，就各有其创造性，各享其著作权。

2010年广州亚运会的会徽"五羊圣火"以及与会徽有著作权纠纷的黄子良动漫标志作品投放到屏幕。

（老师先介绍当年黄子良诉"五羊圣火"侵犯其著作权的诉讼事由，然后组织学生讨论，两件作品是否相似？亚运会会徽是否存在抄袭？一般情况下绝大部分学生会认为存在抄袭。）

师：法院最后的判决是两件作品都拥有独立的著作权。因为尽管后者先于前者完成，会徽作者存在有抄袭的可能性，并且两者的整体形态基本一致，色彩几乎相同，线条方向感基本一样，但是，这种相似是因为创作思想都是沿用了五羊雕像和火焰的创意，而会徽作者创作广州亚运会会徽时想到并使用这两种元素非常合情合理。而且会徽的主设计者——广州美术学院毕业生吴仲昱对整个创作过程和灵感来源进行了详细陈述。设计领域创作撞车的情况经常发生，尽管两件作品在内容上相似，艺术形式和具体表现相同，只要相互之间没有抄袭，而是各自独立完成，就分别享有独立的著作权。这也就是说，一件作品的完成是该作者自己的选择、取舍、安排、设计、综合的结果，而不是依已有的形式复制而来。

师：第二个条件指的是只有可以有形复制的智力成果才会产生著作权，即是要有载体，如纸张、磁带、录像带、磁盘、光盘

第七章 教学模式与方法贯彻于《基础》课教学

或其他物体，没有载体就不能有形复制，不能为他人所利用，也就不产生著作权。例如，没有任何载体的思想、灵感、声音、形象等，都不受著作权法的保护。

但也有些作品虽然具备了这两个条件，因为自身的特性，不能适用著作权法保护。

不适用于著作权法保护的对象：

（1）违反法律、法规和社会公共道德的作品。（板书投影）

师：一部作品要获得著作权法保护，除了具备作品的一般条件外，其思想倾向或情感的表达方式，还不应违反法律的规定。如果作品的思想倾向和情感表达的内容与形式违反法律、危害公众或破坏社会的善良风俗，因而被依法禁止出版传播，则不受著作权法保护，也就是没有著作权。对于依法禁止出版、传播的作品，不仅不给予著作权法保护，如果出版和传播了这类作品还要视其情节轻重，依法追究行为人的行政的责任，甚至是刑事的责任。例如，色情作品、邪教书籍《法轮大法》等。

（2）官方文件、时事新闻、历法、数表、通用表格、公式。（板书投影）

师：这些涉及社会公众和国家整体利益，属于国家和相关社会成员的公有的信息资源，不应为任何人专有而限制它们的传播和被人们利用，故不享有著作权。

再将一系列曾经发生过著作权侵权纠纷的作品的图片投影至屏幕：广美谢老师的油画作品《陶》、中央电视台大楼建筑设计、杨丽萍孔雀舞的剪影、SHE女生组合《不想长大》MTV专辑、世纪龙公司2008年北京奥运会首场正式比赛实时转播。

师：（联系刚才讲述的著作权侵权纠纷案例）著作权是基于作品而产生的权利，既有与人身利益相联系的内容，也有属于财产内容的权利。著作人身权是指著作权人基于作品的创作依法享有的以人格利益为内容的权利。如前面案例中的陈老师及上述纠

125

纷中的权利人主张自己作为作品的作者的资格权、发表权、署名权、修改权和维护作品的完整性权。这些权利没有财产性质，它与作者人身不可分离，一般不能继承、转让，也不能被非法剥夺或成为强制执行中的执行标的。著作人身权包括发表权、署名权、修改权和保护作品完整权。

所谓著作财产权，是著作权人基于对作品的利用给其带来的财产收益权。比如，上述著作权侵权案例中，广州丽人堂化妆品有限公司要使用我们学校谢老师的油画作品做广告，中央电视台要使用雷姆·库哈斯（荷兰）的设计建筑总部大楼，任何个人或者单位要将我们在座同学的美术设计作品编辑成册出版，卡拉OK歌厅要播放《不想长大》里的歌曲供客人点唱，其他舞蹈演员要在营利性活动中表演孔雀舞，都必须要征得相应权利人同意并支付合理的使用报酬。实际生活中，作品的传播方式多种多样。理论上，著作权人对所有商业性的利用其作品的行为，都有权从中获得财产上的收益。各国著作权法规定的财产权实现方式，大同小异。我国著作权法规定的著作财产权可以分为使用权、许可使用权、转让权和获得报酬权四种类型。

（随着讲述将以下板书投影至屏幕）

4. 著作权的内容

根据法律规定，著作权包括著作人身权和著作财产权，具体如下：

（1）著作人身权：发表权、署名权、修改权、保护作品完整权。

（2）著作财产权：使用权、复制权、发行权、出租权、展览权、表演权、放映权、广播权、信息网络传播权、摄制权、改编权、汇编权、翻译权以及其他应由著作权人享有的权利。

先后将漫画《摔了一跤》和2007年高考全国语文Ⅰ卷命题作文《摔了一跤》的漫画投影至屏幕。

师：这是漫画家何平 2005 年初创作的漫画《摔了一跤》，先后发表在报纸杂志上，并获得当年"漫王杯"漫画比赛优秀奖。这是在 2007 年高考全国语文 I 卷命题作文《摔了一跤》的漫画，除文字内容和部分细节有所改动外，在漫画构思、结构等很多细节上，与原漫画完全一样。教育部考试中心修改并利用他人的漫画作品，既没有征得作者同意，也没有署名和支付报酬。请同学们运用刚才学过的知识分析，教育部有没有侵犯何平的著作权？需不需要赔偿？（学生一般都会一致给予肯定回答）答案是：当著作权人何平把教育部考试中心起诉至海淀区人民法院，要求被告公开道歉；支付报酬并赔偿损失共 1 万元，却败诉了。因为，著作权法在保护著作权人的合法权益的同时，对著作权人的权利予以一定的限制。

（板书投影至屏幕）

5．著作权的权利限制

（1）合理使用

合理使用指根据法律的明文规定，不必征得著作权人同意而无偿使用他人已发表作品的行为。《著作权法》采取了列举法来说明合理的范围其实不完善的。只需明白其构成要件即可：

1）一般只针对已经发表的作品，使用他人未发表的作品必须征得著作权人同意。已经发表的作品，是指著作权人自行或许可他人公之于众的作品。

2）必须基于法律的明文规定。除我国《著作权法》第 22 条明确规定的情形外，其他使用行为均不构成合理使用。

师：有下列行为之一的，属于著作权的合理使用：

1）为个人学习、研究或者欣赏，使用他人已经发表的作品。

2）为介绍、评论某一作品或者说明某一问题，在作品中适当引用他人已经发表的作品。

3）为报道时事新闻，在报纸、期刊、广播电台、电视台等媒体中不可避免地再现或者引用已经发表的作品。

4）报纸、期刊、广播电台、电视台等媒体刊登或者播放其他报纸、期刊、广播电台、电视台等媒体已经发表的关于政治、经济、宗教问题的时事性文章，但作者声明不许刊登、播放的除外。

5）报纸、期刊、广播电台、电视台等媒体刊登或者播放在公众集会上发表的讲话，但作者声明不许刊登、播放的除外。

6）为学校课堂教学或者科学研究，翻译或者少量复制已经发表的作品，供教学或者科研人员使用，但不得出版发行。

7）国家机关为执行公务在合理范围内使用已经发表的作品。

8）图书馆、档案馆、纪念馆、博物馆、美术馆等为陈列或者保存版本的需要，复制本馆收藏的作品。

9）免费表演已经发表的作品，该表演未向公众收取费用，也未向表演者支付报酬。

10）对设置或者陈列在室外公共场所的艺术作品进行临摹、绘画、摄影、录像。

11）将中国公民、法人或者其他组织已经发表的以汉语言文字创作的作品翻译成少数民族语言文字作品在国内出版发行。

12）将已经发表的作品改成盲文出版。

上述行为可以不经著作权人许可，不向其支付报酬，但应当指明作者姓名、作品名称，并不得侵犯著作权人享有的其他权利。

将几幅中学教科书上的插图美术作品投影至屏幕。

（老师组织学生分析这些情况是否属于合理使用。）

师：未经同意，不支付报酬就使用他人享有著作权的作品，必须限定在上述 12 种情况内，教科书使用他人作品很显然不在此列。但如果作品已经发表，除作者事先声明不许使用的外，可以不经著作权人许可，在教科书中汇编已经发表的作品片段或者短小的文字作品、音乐作品或者单幅的美术作品、摄影作品。但应当按照规定支付报酬，指明作者姓名、作品名称，并且不得侵犯著作权人依法享有的其他权利。这是对著作权的又一个限制。

（2）法定许可

法定许可作品已公开，并且未事先声明不许使用，可以不必征得著作权人许可而使用他人作品，但须支付报酬，指明作者姓名、作品名称，并且不得侵犯著作权人依法享有的其他权利。（板书投影）

师：不必征得著作权人许可而无偿使用他人作品。是否支付报酬是合理使用与法定许可的重要区别。

师：1993年4月1日《中国青年报》报道：曹雪芹后裔申请《红楼梦》版权。曹雪芹第16代孙曹某，根据一本流落民间的曹氏家谱，查明自己是曹雪芹的后裔，遂决定向国家版权机构申请拥有《红楼梦》版权。法院应否支持曹某的诉讼请求？大家说曹某的诉讼请求会不会得到法院的支持呢？对，不能得到支持。著作权随着作品的完成而自动产生，无需申请、登记等其他手续确认，但著作权是有保护期限的。下面我们讲一下关于著作权的保护期限问题。

6. 著作权的保护期限（板书投影）

（1）著作人身权的保护期限（板书投影）

师：著作人身权中的署名权、修改权和保护作品完整权的保护期不受限制，可以获得永久性保护。但著作人身权中的发表权的保护有时间限制。

（2）自然人作品的发表权和财产权的保护期（板书投影）

师：公民的作品，其发表权和使用权的保护期分别为作者终生及其死后50年，截止于作者死之后第50年的12月31日；如

果是合作作者，截止于最后死亡的作者死亡后第 50 年的 12 月 31 日。作者生前未发表的作品，如果作者未明确表示不发表，作者死亡后 50 年内，其发表权可由继承人或者受遗赠人行使；没有继承人又无人受遗赠的，由作品原件的所有人行使。

（3）法人或其他组织的作品的发表权和财产权的保护期（板书投影）

师：单位作品，著作权（署名权除外）由法人或者其他组织享有的职务作品，其发表权和使用权的保护期为 50 年，截止于作品发表后第 50 年的 12 月 31 日，但作品自创作完成后 50 年内未发表的，著作权不再保护。电影作品和以类似摄制电影的方法创作的作品、摄影作品，其发表权及根据我国著作权法的规定，著作权人可以许可他人行使或全部或者部分转让，并依照约定或者法律有关规定获得报酬的权利的保护期为 50 年，截止于作品首次发表后第 50 年的 12 月 31 日，但作品自创作完成后 50 年内未发表的，不再受保护。

（4）作者身份不明的作品使用权的保护期（板书投影）

师：作者身份不明的作品，其使用权的保护期截止于作品发表后第 50 年的 12 月 31 日。作者身份确定后，适用《著作权法》第 21 条的规定，按不同作品类型分别确定保护期。

播放：大学生创办读书网站侵权被判刑

7. 侵犯著作权的法律责任（板书投影）

师：根据情节的轻重，侵犯著作权的法律责任包括民事责任、行政责任和刑事责任。

（1）民事责任：非法使用，侵犯著作权（板书投影）

停止侵权、消除影响、公开赔礼道歉、赔偿损失。（板书投影）

（2）行政处罚：复制、剽窃，数量较大的（板书投影）

停止侵权，没收违法所得，没收制作违法材料、工具、设备

等，行政罚款。（板书投影）

（3）刑事责任：违法所得数额巨大，情节严重的（板书投影）

师：民事责任是侵犯著作权应承担的主要法律责任，其中赔偿损失是最有效的民事制裁措施，赔偿范围包括被侵权人在被侵权期间因被侵权所受的实际损失或者侵权人在侵权期间因侵权行为所获得的利润。如果两者都难以确定时，人民法院可根据侵权行为的情节判决侵权人向被侵权人支付 50 万元以下的赔偿。行政责任则是较为严重的侵犯著作权所应受到的行政制裁，由行政管理机关执行。对于侵犯他人著作权，情节严重构成犯罪的则在民事处罚、行政处罚的同时，给予刑事制裁。

课程小结：

师：我们艺术院校的同学因为专业的原因，创作一般都会伴随终生，无论是目前的学习或者将来的工作，都将面临如何合理借鉴他人成果和如何依法保护自己的创作，并充分发挥和实现其效益的问题。因此，对知识产权法的了解和学习就尤显重要。我们通过学习掌握基本的关于知识产权和著作权的法律知识，学会依法保护自己的知识产权，懂得权利的正当性与合法性，在法定的范围内主动追求和行使自己的权利。同时，也要明确认识到自己要承担法定的义务，要对自己所做出的行为负责，承担因自己过错而必须承担的法律责任。

第八章 教学模式与方法贯彻于《概论》课教学

一、《概论》课教学的理论探析

教学实效性的提升是思想政治理论课教学中永恒和中心的问题。思想政治理论课是在我国高校课程体系中统一设置的,是由我国社会主义制度的本质属性所决定的。艺术院校是高校的有机组成部分,具有不同于普通高校的个性化特征。在普遍性和特殊性的理论思维中,艺术院校思想政治理论课教学既要遵循和运用思想政治理论课教学的一般规律和普遍方法,又要针对不同于一般高校的个性化特征,在教学中突出"因材施教"的教育理念与教学原则。艺术院校思想政治理论课教学实效性的提升受到两个规律的制约,一个是高校思想政治理论课教学的一般规律即"大规律",另一个是艺术院校思想政治理论课教学的特殊规律即"小规律"。

《毛泽东思想和中国特色社会主义理论体系概论》(以下简称《概论》)是在 2005 年由中宣部和教育部联合下发的文件《关于进一步加强和改进高等学校思想政治理论课的意见》及实施方案确定的高校思想政治理论课五门必修课之一,课程的突出特点是理论的系统性和政治的导向性。《概论》教学目的不仅要帮助学生把马克思主义中国化各个理论成果内在地整合和统一起

来,而且要通过理论指导实践,联系实际,帮助大学生提高从纷繁复杂的社会现象中认识事物的本质和内在规律的能力,使其树立并巩固对中国共产党的认同感,对社会主义道路的忠诚感,对民族与国家事业的责任感。艺术院校《概论》课的教学质量,不仅关系到艺术院校思想政治理论课理想教学效果的实现,而且关系到艺术院校人才培养的方向和质量。因此,在新的时代背景下研究和探索《概论》课教学效果提升的思路与方法,增强《概论》课教学的感染力和吸引力,是艺术院校思想政治理论课教学亟待解决的问题。本章以艺术院校《概论》的教学活动为研究对象,探索艺术院校《概论》课的教学改革,达到提升艺术院校《概论》课教学实效性的目的。

(一)艺术院校《概论》课教学存在的突出问题及其原因分析

《概论》课主要讲述的是马克思主义中国化的理论成果,学好这门课对包括艺术院校在内的高校青年学子的成才无疑具有极为重要的意义。但实事求是地说,由于主、客观的原因,现在的大学生对《概论》课这类的思想政治理论课远不如对专业课重视,学习的积极性也不是很高,这种情况在艺术院校表现得更加突出和明显。

第一,教学内容缺乏针对性和时代感。随着全国思想政治理论课课程设置"05"方案的贯彻实施,《概论》课的课程建设出现了崭新面貌。举全国之力而精心编写的新教材,具有很强的科学性、权威性和严肃性,充分体现了马克思主义中国化的最新成果和中国特色社会主义实践的最新经验,也有较强的现实性和针对性。但是在教学实践过程中,突出地存在以下问题:一是教学内容偏多的问题,教师在讲授过程中,害怕遗漏,力求面面俱到,结果往往费力不讨好。二是教材内容侧重于理论,在表述上求精,相对比较枯燥,艺术生对于抽象的理论学习难度较大、内生性动力不足。而同时教师拘泥于书本理论,对学生思想认识上的问题以及现实中的一些热点现象却较少涉及。而当代大学生求知欲很强,关注社会、关心现实、关爱身边,例如贫富差距问题、高房价问题、政治腐败问题、国际时事热点问题等,但是无论是现行教材还是教师讲课都很少涉及或缺少专题性的综述。在这种情况下,在复杂的国际形势和社会现象面前,多数大学生还未学会用马克思主义立场、观点和方法观察分析问题,这必然会在理论上和认识上导致困惑和混乱。三是不同课程教材内容的重复和衔接问题。这种重复性表现在:从学生的学习历程上看,《概论》课有不少内容和中学政治、历史课重复;从思想政治理论课课程体系看,《概论》课与其他思想政治理论课之间存在着内容简单重复和逻辑关系混杂的现象。内容重复相互交织,导致艺术生在学习《概论》课的过程中没有新鲜感、缺乏学习兴趣。

第二,教学方式缺乏互动性和多样性。通过教学方法的改革,各高校在利用现代化教学手段、联系实际等方面做了有益的探索。然而,教学过程中主、客体互动性的矛盾仍然十分突出,特别是在大班教学背景下学生人数的增加容易降低互动的范围和频度,降低了学生课堂参与度,客观上将学生当成了只是一个被动的接受体。一方面,课堂上教师一言堂、满场讲的单一教学方式仍较普遍,师生关系缺乏互动性。现代教育理论认为,获取知识的方法在一段时间后其相对效果依次递增的是课堂讲授、自我阅读、视听观察、互动讨论、运用实践,也就是说课堂上教师讲授的效果是最不能经受时间的考验,它的教育可持续性效果最差。教师一讲到底,师生间平等的自由探讨、共同学习的气氛少,情感交流缺乏,学生的积极性得不到充分调动,教学效率低,教学效果差。另一方面,部分教师又过分依赖于多媒体等现代教学手段,离开思想的力量和理论的深度而滥用多媒体,则一定导致教学实效性大打折扣。有些教师运用多媒体进行教学时存在着认识上的误区，认为只要把教学内容演示到屏幕上，让学生观看和摘录就可以了，也即是教材的搬家。学生对这样的多媒体课也没有什么兴趣。有些教师没有认真备课，缺乏自己的独立思考和理论分析，只是通过大量的视频、影视资料来迎合学生的需要，而没有注重培养学生独立分析问题和解决问题的能力。

第三，教师队伍知识结构单一，热情不足。思想政治理论课教学不仅是要传授马克思主义理论知识，更重要的是要培养学生运用马克思主义的立场、观点和方法独立地分析问题和解决问题的能力。《概论》课讲授马克思主义中国化理论成果即毛泽东思想和中国特色社会主义理论体系，涵盖哲学、政治经济学、科学社会主义，内容包括内政外交国防、改革发展稳定、治党治国治军等许多学科领域，这对教师的理论素养和知识结构提出了更高要求。而目前艺术院校思想政治理论课教师普遍自信心不足，自豪感不强；部分教师知识结构单一，知识面偏窄，新信息掌握不多，素质有待提高。目前在功利主义的教育生态环境中，思想政治理论课的地位和重要性并没有在实践中充分体现出来，有时反而淡化了。从事这项工作的教师们，地位上有被边缘化的趋势，教学的积极性受到了抑制，工作中缺乏应有的动力，甚至应付了事；课堂上只是用课本中的理论来对照现实，裁剪现实。教师中有两种倾向值得注意：一是对社会变革缺乏研究，无视学生的思想现实，不能解决学生的困惑和疑问；一是片面强调从学生的思想实际出发，刻意迎合学生的需要，从而失去了思想政治理论课教学本来应有的引导作用。

第四，教学对象思想多变和政治淡漠。从主观方面看，部分艺术生对政治理论反感，不管其对错一概拒绝。而现实中的某些价值导向又大大影响了他们政治观念的形成。例如在人才评价、人才招聘等方面有明显的重艺轻德倾向，使思想政治理论课教学面临巨大的困难。当前,艺术生的思想活动表现出明显的独立性、选择性、多变性和差异性,也表现出较强的务实性和功利性。他们在学习时只重视与本专业高度关联的课程,而思想政治理论课本身内容的特点是理论性强,缺乏直观形象,现实的应用价值又体现不出来。在当今全球化浪潮中,西方各种思潮通过互联网等现代传媒纷纷涌入中国,多种文化相互激荡,各种非主流甚至是错误的思想不可避免地影响着学生。尤其在艺术领域,西方艺术的强势地位和主导权使得艺术院校学生更容易受其影响。高校无论在地域空间、信息交流,还是在思想上都不再像以往那样封闭隔绝了,大学生不仅仅从主渠道上通过书本、课堂接受思想政治教育,还会通过互联网、手机等新兴媒体来获取知识和信息。特别是网络的出现带来多元文化的强烈冲击,多元文化对于思想尚未成熟定型的大学生的健康成长具有深刻影响。它在促进文化、社会和人本身发展的同时,也有一定的负面影响。一是多元文化导致多元价值观,使学生无所适从,缺乏分析、判断和选择的统一标准,从而引起价值观、信念和行为方式等方面的混乱和错位。二是多元文化给社会生活的各个领域同时树立了多种价值标准,增加了价值选择和价值比较的机会,使艺术生失去了明确的文化权威、艺术标杆以及价值评判标准。

(二) 提高艺术院校《概论》课教学实效性的路径

基于对艺术院校《概论》课教学存在问题的分析及其原因的把握,对如何进一步提高艺术院校《概论》课教学的针对性和实效性,把《概论》课打造成为艺术生真心喜爱、终身受益和毕生难忘的优秀课程,艺术院校《概论》课教学实效性的提升路径应遵循以下几点:

1. 坚持"因材施教"的教育理念与原则,以人为本,加强对教育对象的研究

提高艺术院校《概论》课教学实效性,最根本的是要坚持"因材施教"的教育理念与原则,依据艺术生的个性化特质,强调教育对象的主体地位,真正做到"以人为本"。在艺术院校《概论》课的教学过程中,特别突出教育对象即艺术生的主体地位,这是坚持"因材施教"教育理念与原则的根本要求。这就要求《概论》课教学必须贴近实际、贴近生活、贴近艺术生实际,把课程讲到艺术生的心里去,使之成为艺术生内在的强烈需求,充分调动他们的积极性和主动性,把对《概论》课学习的过程转化为自觉自主的行动。为此,必须重视对艺术生个性化特质的研究,深刻认识到艺术学科的独立特色、艺术学习的个性思维对他们学习、生活和工作的影响,在全面深入地了解和掌握当今大学生群体的共性特征的基础上把握艺术生的个性化特质,认识艺术生的思想变化和成长成才规律,避免"一刀切"和"满堂灌"的忽视教育对象特征的教育方式,增强艺术院校《概论》课教学的科学性、预见性和针对性。

艺术生在生活理念和行为方式上日趋多样化、个性化的同时,也出现了一些诸如人际交往能力不足、物质消费欲望突出、组织纪律意识淡漠等现象。所以在艺术院校《概论》课教学过程中要做到:坚持尊重原则。思想政治教育是塑造人的过程,其前提是要尊重人,即要尊重学生的主体地位,尊重学生的人格,尊重学生的基本权利和责任,尊重学生的个体价值和社会价值,更多地注重每个有个性特长的学生不同于他人的个性特征、兴趣爱好、成长特点、能力倾向、价值观取向,把教育与人的幸福、自由、尊严、终极价值紧密联系起来,以现代人的精神培养健全的现代人,以现代人的视野培养全面发展的人。艺术院校《概论》课教学坚持尊重原则,就是要注重引导和培养艺术生的自我教育能力。艺术生感性思维活跃,价值选择多样,思想政治理论课老师的当务之急是帮助他们从多元价值选择中整合出一个核心价值观,核心价值观引领和主导多元的价值选择,而不是灌输什么观点。基于艺术生艺术专业的学习特性,艺术院校《概论》课教学在坚持教育与自我教育相结合原则的基础上,更加突出艺术生自我教育的作用,使艺术生不仅在情感上,更能从世界观的高度,自觉而理性地接受、认同和践行正确的世界观、人生观和价值观。

2. 整合创新教育教学资源,以特色为支撑,丰富艺术院校《概论》课教学内容

《概论》课内涵极其丰富,外延极其广阔,是一部博大精深的科学理论宝库,这些理论成果产生和发展于我国社会生活实践,特别是改革开放新时期的现代化实践。因而,其教学资源极其丰富。如何整合创新丰富的教育教学资源,以艺术特色为支撑,精练课堂教学内容,成为提高课堂教学质量的前提。在艺术院校《概论》课整合创新教育教学资源时,要解决以下几个相关的问题:

第一,搞好两个"协同"即《概论》课与高校其他思想政治理论课程之间的协同,与中学思想政治教育课程的协同,做到结构合理,功能互补,减少重复,分层次进行。同时要处理好教材体系与教学体系、理论性与针对性、思想性与知识性等方面的关系。

第二,注重理论知识的科学性和系统性、历史性和现实性的有机结合。《概论》课是以马克思主义中国化理论教育为主的课程。马克思主义中国化是一个不断发展推进的历史过程,在这一过程中,马克思主义中国化最新成果可以融入这一体系当中,同时要把握理论成果之间一脉相承而又与时俱进的特点,注重理论成果间的历史性和现实性的结合。在《概论》课与高校其他思想政治理论课程、中学思想政治课之间的关系上,要注意弄清楚各自在内容上的侧重点。为了保证教学内容的系统性和完整性,必要的"重复强调"在所难免,但应注重理论性,注重培养艺术生的理论思维能力。

第三,教学内容重点突出,联系时事热点和社会焦点问题。在艺术院校《概论》课教学内容上,突出重难点,紧密联系现实,增强教学的现实感和时代感。《概论》课是一个严密完整的科学体系。要始终遵照邓小平关于学马列主义要精、要管用的思想,结合经济社会发展和学生实际需要进行教学。在教学内容的安排上要注意处理好以下几点:一是《概论》课是与现实联系最为紧密的课程,要处理好教材相对的稳定性和形势迅速发展的关系。坚持中国化的马克思主义,但是不能使其僵化,应该把《概论》课中的理论与迅速发展的经济社会形势结合起来。二要抓住重点、剖析难点、解答疑点,避免与中学知识的重复。《概论》课与中学的政治课在知识点上存在重复,但是该课程应该从中学"是什么"的学习过渡到"为什么"的学习。在教学内容上不必做到面面俱到,只需以重点、难点为圆心对理论加以透彻、深入的讲解。三要紧密联系时政热点,贴近现实、贴近社会、贴近学生,关注重大现实问题和学生的思想实际,帮助学生在重大政治问题上明辨是非,增强《概论》课教学的针对性和现实感。

第四,以艺术特色资源充实和丰富教学内容。艺术院校的特殊性决定了有着鲜明特征的艺术资源在艺术院校《概论》课教学中应该发挥重要的作用,这也是艺术院校《概论》课教学的特色性支撑。在艺术院校《概论》课教学中,艺术化的教学资源大致有以下几个方面:首先,毛泽东文艺思想和中国特色社会主义艺术理论。从理论上讲,毛泽东文艺思想和中国特色社会主义艺术理论分别是毛泽东思想和中国特色社会主义理论体系的组成部分。艺术院校《概论》课教学充分地运用毛泽东文艺思想和中国特色社会主义艺术理论，对于艺术院校学生的艺术创造从社会实际出发，关照历史，真实地反映生活的本质规律，具有重大的引领作用。其次，充分体现《概论》课教学要求的艺术作品。在艺术院校《概论》课教学中，优秀的艺术作品能够发挥特殊的积极作用。由于知识结构和专业学习的相通性，艺术院校学生对于艺术作品具有高度的情感共鸣和专业认同，艺术作品对于学生具有强烈的感染力和亲和力。艺术院校《概论》课教学要充分地尊重教育对象个性化的特点，将艺术作品转变成教学内容，发挥艺术作品的育人功能，进一步提高和增强教学的实效。最后，具有强烈爱国意识和深厚历史地位的艺术大师。艺术大师从艺为人的经典事例充分体现了社会主义、集体主义和爱国主义的时代主旋律，高度契合《概论》课的教学要求。在艺术院校《概论》课教学中，艺术榜样的力量是巨大的，艺术院校学生普遍对艺术大师有景仰的心理特征和模仿的行为方式，运用艺术大师的生动事例来教育人、影响人，能够弘扬社会的正确价值取向，增强《概论》课教学的感染力和实效性。（见下图。）

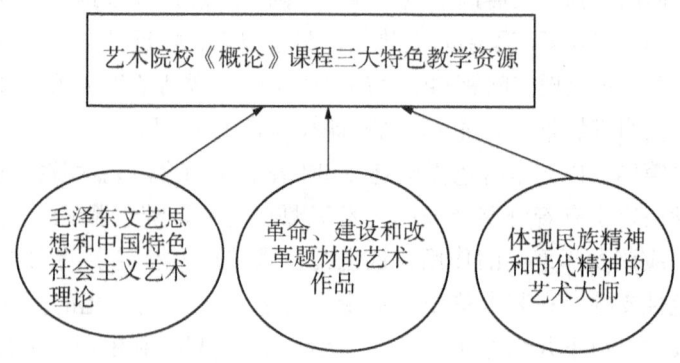

3. 创新教学方式方法，以丰富的教学形式提升艺术院校《概论》教学实效性

提升教学实效性，就是不断改进教学方法和教学手段，从而不断提高教育教学的实际效果。在教学中，教学内容是核心，教学方式方法是载体，好的教学内容需要好的教学方式方法来演绎和展现。

第一，创新教学方式方法，丰富理论教学形式。创新教学方式方法是提高思想政治理论课教学质量的根本途径。改进教学方法的目标是选择最优的教学方法，依据素质教育的要求，变注入式为启发式，变封闭式为开放式，变单一式为多样式。优化教学方法的根本原则是进一步贯彻理论联系实际的原则。不仅要结合艺术生的思想实际，还要结合艺术生的专业实际。针对艺术生的个性化特质，对教学内容做适当调整，增强与艺术专业学习的结合，实现思想政治教育与艺术教育的双融合。同时在涉及历史及当代重要的、有争议的社会问题时，力求以一种多元的、开放的方式来进行分析和讨论。既能考虑到多元文化的大背景，又能做到在尊重艺术生的前提下疏导艺术生的困惑、怀疑，从而树立并巩固其正确的世界观、人生观和价值观。

第二，坚持开展好实践教学，将实践教学与理论教学密切结合好，形成教育合力。社会实践教学是理论教学的重要补充，坚持实践教学有利于强化学生的主体地位，培养学生主动学习的意识和能力，变被动接受为主动探索；实践教学也有利于培养学生的创新精神、创新能力和实践能力。坚持社会实践教学是提高学生分析和解决问题能力的有效手段。社会实践教学是课堂理论教学的延伸，是深刻理解思想理论体系，巩固理论教学成果的重要环节。由于艺术院校的专业特性，与一般的高校相比，艺术院校的专业学习更加强调和突出走出校园的专业实践学习。这种艺术专业的特性，可以而且应该与思想政治教育课实践教学相结合，实现专业实践与社科实践的高度整合，取得良好的实践教学效益。这些社会实践活动增强了理论的说服力、感染力，增强了大学生对马克思主义理论的认同感。通过实践教学，学生逐步掌握了运用马克思主义理论和方法分析和解决现实问题的能力，感受到了理论知识的魅力；同时增长了学生的见识，增加了学生的社会阅历，学生普遍反映实践能力得到了很大的提高。

4. 加强教师队伍建设，提高教育教学素质，以教师能力的提高驱动艺术院校《概论》教学实效性的提升

没有一支高素质、高水平的思想政治理论课的教师队伍，加强和改进大学生思想政治教育的一切设想和要求将会落空。所以，加强教师队伍建设是具有战略意义的环节，是思想政治教育持续发展的根基所在。艺术院校《概论》课教学实效性的提升，最核心和关键的在于教师，在于教师教育教学能力和素质的提升。艺术院校《概论》课教师教育教学能力和素质的提升，既要沿着高校思政课教师能力提高的一般路径发展，又要适应艺术院校特色赋予的特殊路径发展，坚持一般和特色的"双轮"驱动提升。

第一，调整和完善管理体制和政策机制，提升教师队伍的总体素质和社会地位，吸引高水平的人才加入，促使思政课教师全身心地投入。应该改变过去"照顾"的惯性思路，明确思想政治理论课的艰巨性和特殊性，基于这种艰巨性和特殊性来制定各项政策和措施，例如在考核晋升、职称评聘、评奖评估等方面的政策与措施。

第二，积极开展科研活动，以科研促进教学是上好艺术院校《概论》课的重要保障。马克思主义和马克思主义中国化的理论成果，是系统的科学体系，只有深入研究，才能把握其精髓、领会其实质。因此，教师积极开展科研活动，能够极大地提高教学水平。教师只有在深入研究的基础上，才能对相关内容从深度上进行挖掘，广度上进行拓展，从而做到深浅得当，游刃有余。实践证明，在艺术院校也不例外，相关的科研成果能够极大地丰富教学。一般来说凡是研究过的问题，在课堂讲授时都比较受学生欢迎。可以说一个好的思想政治理论课教师，同时也应该是一个好的理论研究人员，二者是相辅相成的，相互促进的。

第三，对教师的基本素质应有明确的要求和规范，以适应艺术院校《概论》课教学的基本要求。要不断创造条件，提高在职教师的内在素质。提高素质，除了进一步提高教学能力和学术水平之外，现在主要应该加强教师的社会实践锻炼。学校应该有相应的规定和安排，以保障定期组织教师和学生参加社会实践。加强教师的社会实践是提高《概论》课的针对性和实效性的重要措施。

第四，教师应该具备一定的艺术素养，以适应艺术院校《概论》课教学的特殊要求。作为艺术院校的思政课教师，除了具备较强的思想政治理论素质和教育教学水平之外，还应该具备一定的艺术素养，这是由艺术院校的特殊性决定的。这种艺术素养的形成，主要从三个方面来提升，即艺术理论、艺术作品和艺术家。艺术院校《概论》课教师除了学习和掌握毛泽东文艺思想和中国特色社会主义艺术理论之外，还应该了解古今中外的艺术理论和思想，特别是对当代艺术创作影响深远的现代艺术思潮，以马克思主义的立场、观点和方法分析和借鉴这些艺术理论与思潮，以充分反映国家发展、社会进步和人民创造的艺术作品和重大影响力的艺术家充实艺术院校《概论》课教学，提升教学的实效性。

二、《概论》课教学设计实例

【授课内容】改革开放是发展中国特色社会主义的必由之路(《毛泽东思想和中国特色社会主义理论体系概论》高等教育出版社 2013 年版第七章第一节)。

【课时】两课时(90 分钟)。

(一) 教学目的和要求

通过本节课的理论教学,使同学全面认识改革开放的国际国内背景。高度认同"改革开放是决定当代中国命运的关键抉择和当代中国最鲜明的特色",深刻理解改革是社会主义制度的自我完善和发展,增强学生们将个人事业发展融入我国改革开放事业的主动意识。

(二) 教学重点和难点

(1) 改革开放的国际国内背景。
(2) 社会主义改革的性质。

(三) 教学方法与手段

本节课教学可采取多种教学方法和教学手段,课堂理论教学与课外实践教学结合展开。既可组织学生阅读《邓小平文选》中与本章有关的经典论述,学习胡锦涛总书记在纪念改革开放 30 周年大会上的重要讲话,又可以放映《坐标:改革开放 30 年》和《时代:改革开放 30 周年》等视频光盘,提高学生学习的兴趣。在实践教学方面,既可以组织学生参观有关改革开放的成就展览,开阔学生的视野,又可以选择本地改革开放的典型单位,组织学生就近进行社会考察,增强学生的亲身体验。

课程导入:PPT 课件图片,形象直观地展示和对比我国改革开放所取得的巨大成就。通过改革开放(1978—2012)以来"国内生产总值和人均国内生产总值"、"我国经济总量占世界的份额"、"我国国内生产总值年均增长与同期世界经济年均增长(1979—2012)"、"国家财政收入"、"城镇居民人均可支配收入"、"农村居民家庭人均纯收入"等图表直观表现我国改革开放35年所取得的巨大成就,引入改革开放主题。

这是创下人类经济发展史上"新奇迹"的成绩单:经济年均增长9.8%,经济总量从世界第十跃升至第二,对世界经济增长的贡献率超过20%,成功实现从低收入国家向中等偏上收入国家的跨越。改革开放35年来,中国经济实现了从濒临崩溃、封闭半封闭到蓬勃发展、成为世界经济"发动机"的巨变。

第九章 社会主义改革开放理论
第一节 改革开放是发展中国特色社会主义的必由之路

1. 决定当代中国命运的关键抉择

案例分析:改革是社会主义兴衰成败的关键

(1)世界社会主义运动历史进程的三个阶段:①1848—1920年前后,世界社会主义运动的主要任务是建党、夺权;②1921年前后—1949年前后,主要任务是在孤立的苏联一国建设社会主义;③1950年至今,在此期间出现苏联解体、东欧剧变,世界社会主义运动遭受重大挫折,而中国的社会主义改革却取得了辉煌成就。

(2)20世纪50年代初以来,面对高度集中的苏联模式,社会主义国家的三种不同选择：①社会主义体制改革的必要性和共同性。在特定历史条件下形成的苏联社会主义体制被模式化，要求当代社会主义国家既要改革落后的生产力，又要改革超越的生产关系。②不同选择：A. 拒绝改革，固守僵化的苏联模式，最终大多数国家发生剧变。做出这一选择的国家是民主德国、阿尔巴尼亚、保加利亚、柬埔寨、朝鲜等。从20世纪70年代中期开始，这些国家已陷入重重危机，柬埔寨由于大搞阶级斗争，急于向共产主义过渡，首先亡党。此后其他国家虽然依靠强大的国家机器维持了一段时间，但在政治经济的封闭状态被打破以后，实行苏联模式所产生的巨大差距明显地摆在国人面前，到1989年，大多数国家发生了历史性逆转。B. 选择了改革道路，但未能坚持社会主义改革路线，最终仍然发生了剧变。这一类国家主要有苏联、南斯拉夫、波兰、匈牙利、捷克斯洛伐克等国。这些国家大多数从20世纪50年代就开始改革，如南斯拉夫的社会主义自治改革、苏联的赫鲁晓夫十年改革、匈牙利的"静悄悄的改革"、捷克斯洛伐克的"布拉格之春"等，但由于这些国家的改革目标一直不明，改革时断时续，无法持久深入。从20世纪70年代末开始，这些国家掀起了新的一轮改革热潮。在经济体制改革难以为继的情况下，这些国家转而优先进行政治体制改革，它们逐渐抛弃了马列主义指导思想，放弃了共产党的领导，选择"人道的民主的社会主义"，实行西方议会民主制和多党制。由于作为执政党的共产党长期实行苏联模式，经济没有搞好，又犯过许多历史错误，在轻装上阵、没有任何历史包袱的反对党的攻击下，毫无还手之力，只能步步退却，而已被搞乱了思想的广大群众在"民主选举"中自然倾向于反对党。至80年代末90年代初，这些国家的共产党纷纷下台也就在所难免。C. 选择了社会主义改革路线，社会主义建设显示出蓬勃生机和活力。作出这一选择的主要是中国。在20世纪五六十年代，在苏联、东欧国

家积极进行改革之际,我国却在搞阶级斗争,轰轰烈烈地进行"文化大革命",置身于改革潮流之外。与苏联、东欧相比,我国落伍了。到1976年粉碎"四人帮"之前,我国各条战线都遭受了空前的破坏,国民经济陷入崩溃的边缘,国内形势相当严峻。国际上,发达资本主义国家广泛利用第三次科技革命的成果,大力发展生产力,我国与它们的差距拉大了。面对国内国际的重大挑战,当时有两条道路可供选择。一条是继续坚持"左"的指导思想,遵循"两个凡是",狠抓阶级斗争,把无产阶级"文化大革命"进行到底。另一条是恢复我们党的实事求是的思想路线,改革高度集权的苏联模式,大力发展社会生产力。

(3)社会主义改革不同结果:①两种结果:15个国家,10个失败,5个成功。②两种改革观:A. 对生产资料公有制的态度:全盘私有化—以公有制为主体。B. 对多党制的态度:支持—反对。C. 对多元化的态度:拥护—反对。D. 对开放的态度:全盘西化,全面开放—扬我之长,西学为用。

问题:上述资料反映了什么问题,从中要吸取怎样的教训?

点评:由于各个国家的历史文化传统以及具体国情各不相同,在社会主义制度下应该存在多样化的社会主义体制,苏联社会主义体制只是其中之一,只不过这一体制后来被模式化了。苏东剧变不是社会主义制度的失败,而是苏联模式的失败。①只有改革,才能巩固和发展社会主义制度;②只有坚持正确的改革路线,才能维护和发展社会主义制度。苏联模式导致经济没有搞好,是苏联解体、东欧剧变的基础性原因,选择了一条错误的改革路线,是苏联解体、东欧剧变的关键。

(1)我国改革开放的历史背景——为什么要改革

1)国内背景。1978年党的十一届三中全会开启了我国改革开放的新时期。"文化大革命"十年内乱,使党、国家和人民遭

受到严重挫折和损失。当时,整个政治局面十分混乱;整个经济情况实际上处于缓慢发展甚至停滞状态,国民经济到了崩溃的边缘。面对严重的困难,我们的出路只能是通过改革开放,扭转当时混乱的状态,增强社会主义的生机活力,解放和发展社会生产力,改善人民生活。

教学素材:邓小平打出的沉重"问号"

我们党从成立的第一天起,就把社会主义、共产主义作为我们的奋斗目标。但是,大家看,"文革"时期搞的这种社会主义,难道就是我们千百万共产党人流血牺牲所要追求的那个社会主义吗?社会主义的优越性就是如此体现的吗?按照这样的社会主义继续发展下去,社会主义还有吸引力、号召力、凝聚力吗?人民能答应吗?中国还有希望吗?每一个关心党和国家前途命运的人都会提出这样的问题。邓小平更是如此。从第三次复出伊始,他就对"文革"这样的社会主义、对社会主义的这种"优越性"打出了沉重的问号。1978年3月10日,在国务院第一次全体会议时,他又说:"什么叫社会主义?它比资本主义好在哪里?每个人平均六百几十斤粮食,好多人饭都不够吃,28年只搞了2300万吨钢,能叫社会主义优越性吗?"1978年9月,在东北三省视察期间,他说:"外国人议论中国人究竟能够忍耐多久,我们要注意这个话。我们要想一想,我们给人民究竟做了多少事情呢?""我们太穷了,太落后了,老实说对不起人民。""社会主义要表现出它的优越性,哪能像现在这样,搞了20多年还这么穷,那要社会主义干什么?"这一连串的"问号",实际上也是发出了重新探索"什么是社会主义、怎样建设社会主义"的强有力的信号。社会主义绝不能够再像"文革"这样搞下去了,中国再也不能像"文革"这样折腾下去了。

2) 国际背景。从国际环境看,20世纪70年代世界范围内

蓬勃兴起的新科技革命推动了世界经济以更快的速度向前发展，我国经济实力、科技实力与国际先进水平的差距明显拉大，面临着巨大的国际竞争压力。1978年中国人均国民生产总值低于印度，只有日本的1/20、美国的1/30，科技发展水平落后发达国家40年左右。特别是亚洲"四小龙"的崛起，使党和人民产生了强烈的危机感和奋起直追的紧迫感。

播放：粤港农民收入相差70倍
逃港潮风起云涌

深圳解密的档案记载，深圳共出现了4次大规模偷渡：第一次1957年前后，实行公社化运动期间，一次外逃了5000多人；第二次1961年，经济困难时期，一次外逃1.9万人；第三次1972年，外逃2万人；第四次是1979年，撤县建市初期，有7万多人沿着几条公路成群结队地拥向边境线，伺机越境。最后外逃3万人。对于只有11万劳动力的宝安县来说，这是一次空前的大失血。

以邓小平同志为核心的中共第二代领导集体正是在科学分析国内国际发展形势，准确把握时代主题和人民愿望的基础上，做出把党和国家工作中心转移到经济建设上来、实行改革开放的历史性抉择。

美术作品可以反映改革开放以来的重大事件和关键人物，讴歌时代精神和民族精神。著名油画家李秀实创作于1979年的油画《疾风》，深刻形象地塑造了改革开放总设计师邓小平面对中国落后现状的沉思和强烈改变中国的决心。油画作品《疾风》是对改革开放历史背景的艺术浓缩和经典写照。

实践有力地证明，改革开放是决定当代中国命运的关键抉择，是当代中国最鲜明的特色。西班牙前驻华大使欧亨尼奥·布雷戈拉特在西班牙《对外政策》双月刊发表题为《难以置信但确凿无疑：改变的速度》的文章说，假如1978年邓小平开始改革开放时，有人预见中国经济是现在的情况，一定会被认为是疯子。这是过去一千年发生的屈指可数的重大历史进程之一，其意义可与欧洲文艺复兴、工业革命和美国的崛起相提并论。"在一个历史用千年而不是世纪计算的国家，现在发生的变化必须以年而不是十年为单位计算。从20世纪70年代末至今，中国成为历史上经济发展进程最快的主角。"哈佛大学前校长萨默斯（Larry Summers）观察到，美国每30年生活水平翻一番，而中国过去30年间每10年生活水平翻一番。

（2）改革是一场新的革命

首先，改革是解放生产力、扫除发展生产力的障碍。

邓小平说："同过去的革命一样，也是为了扫除发展社会生产力的障碍，使中国摆脱贫穷落后的状态。从这个意义上说，改革也可以叫革命性的变革。"

其次，改革是政策的重新选择、体制的重新构建。这个转变具有深刻性和广泛性。

**播放：《新闻联播》文化体制改革 贴市场
出精品 影视剧赢得好口碑**

长期以来，制约文化发展的一个重要环节，就是事业与产业混淆——应该由政府主导的公益性文化事业投入不足，应该由市场主导的经营性文化产业依赖政府。党的十六大厘清了两者之间的关系。2005年年底，中共中央、国务院下发《关于深化文化体制改革的若干意见》。此后，全国170个单位被列为文化体制改革试点。事业体制下，很多中直院团给国家一级演员的工资在2009年也仅仅是3000多元。北京生活的成本，将许多艺术家们逼入一个相对狭窄的选择空间：要么是混日子，要么是走穴，在外面接私活。拥有体制内身份，在体制外赚钱，成为国有院团演

员的常态。这种文化生产,注定有缺乏可持续性的先天缺陷。文化部系统的一份内部调研报告总结了国有文艺院团事业体制弊病:"大锅饭"使得人浮于事,观念陈旧,人多但人才不多,有才者进不来,无才者又出不去;平均化保底的微薄收入和僵化的论资排辈,耗去了艺术家的敏锐感觉和经营者身上的锐气;资源配置上的无规划低水平重复,造成了巨大的文化资源浪费;因为不是市场主体,无法建立全面完善的投融资体系。文化产品和人民群众精神需要已严重脱节,院团"长期游离于市场经济之外,依靠行政命令配置资源,造成资源建设低水平重复,配置不合理等问题与市场经济大相径庭的局面,成为计划经济最顽固的堡垒"。《人民日报》2010年8月4日的社论将其归结为:"政府是投资主体、领导是基本观众、评奖是主要目的、仓库是最终归宿"现象。文化部副部长王文章则提供了一个惊人的统计:"全国人均一年还看不上半场演出。"许多群众,尤其是农村群众,终其一生,也没有看过一场戏剧。

向旧事业体制彻底告别。2009年11月,中国东方歌舞团成为第一个转企改制的中直院团,彻底去掉事业编制,成立国有独资的中国东方演艺集团有限公司。2010年1月,顾欣就任中国东方演艺集团总经理,同时他还兼任全国规模最大的综合性艺术表演团体——江苏省演艺集团董事长。江苏省演艺集团是全国国有院团中的第一个"吃螃蟹者",最早向旧体制彻底告别。2005年1月1日,这个职工超过1000名的集团去除了所有编制。顾欣又肩负重任:在中国东方演艺集团复制、提升在江苏省演艺集团的改制经验。"我是中国东方演艺集团第一个去掉编制身份的人。"顾欣说。2001年,顾欣由江苏省文化厅副厅长赴任新组建的江苏省演艺集团董事长,2005年,集团改制,顾欣完成了从公务员到事业单位再到企业的身份转变。操盘这一系列改革的,正是他本人。2001年,江苏省把原来文化厅所属的剧团、剧场、演出公司剥离，成立"江苏省演艺集团"以及事业单位"江苏艺术剧院"，两块牌子一个单位。顾欣首先进行了一次资源整合，将原来分散在各院团低水平重复的各类资源，以现代企业的运行结构整合起来。然后，打破人事体制和工资体制，破除"铁饭碗"、"铁工资"、"铁交椅"，看能力，看贡献，多劳多得，能进能出，能上能下。2004年6月10日，中共中央政治局常委李长春到江苏省演艺集团考察调研。在汇报的最后，顾欣说："机制改革改到极致，不动体制绝对不行，因为走不下去了。"在江苏演艺集团院落的最佳位置，"南郭先生怕竞争"的标语格外抢眼。变"养人"为"养戏"，变人才"为我所有"为"为我所用"，变"舞台经营"为"经营舞台"……一整套创新改革机制让企业真正成为市场的主体。2012年，集团经营收入达1.63亿元，是改革前的21.4倍；演出场次近几年始终保持每年5000场以上，是改革前的3倍。"体制出观念，观念出机制，机制出人才，人才出效益。"顾欣上任后，同样对中国东方演艺集团进行一次资源整合，重新组建了相对独立的四大演出分团。各个分团是人、财、物、营销相对独立的二级法人，所有岗位都放开竞争。不到半年时间，推出四台大型晚会，这样的密度前所未有。"以前是开专家座谈会，现在是收集观众反馈。文艺为谁服务？是为观众服务，不是为个别专家服务。"顾欣说得相当直率。央视青歌赛期间，担任评委的顾欣看上了被观众誉为"情歌王子"的西尔艾力，趁着比赛间隙跟他商谈，成功地将他"挖"到了集团。"这在以前根本不可能，得要打多少报告啊！"顾欣说。

最后，改革引起的社会生活和人们观念的变化具有深刻性和广泛性。

第八章 教学模式与方法贯彻于《概论》课教学

教学素材：票证见证历史

　　我国计划经济时期极具时代特色的票证，经历了40多年的风风雨雨，终于在20世纪90年代逐步退出了经济舞台，完成了历史使命。中国的票证历史是一部凝重浑厚的中华民族创业史，是一部华夏子孙与贫穷、饥饿的抗争史，是囊括中国农业、商业、工业、服务业的发展史，是中国计划经济这段历史的真实写照和证明。1953年我国宣布实行第一个"五年计划"，实行计划经济。计划经济就是对社会资源的配置形式采取有计划生产，而对商品采取计划供应，对单位个人进行计划分配。为了满足人民生活的基本需求而采取当时最为有效的方法，就是印发各种商品票证，有计划地分配到单位或城镇居民手中。我国最早实行的票证种类是粮票、食用油票、布票等。我国的票证种类数量有"世界之最"之称，全国约2500个市县，还有一些镇、乡都分别发放和使用了各种商品票证，进行计划供应。此外一些大企业、厂矿、农场、学校、部队、公社等也印发了各种票证，种类繁多。各地的商品票证通常分为"吃、穿、用"三大类。吃的除了各种粮油票外，还有猪牛羊肉票、鸡鸭鱼肉票、鸡鸭蛋票、各种糖类票、各种豆制品票及各种蔬菜票，等等。穿的除了各种布票外，有化纤票、棉花票、汗衫票、背心票、布鞋票、棉胎票，等等。用的有各种煤票、商品购买证、电器票、自行车票、手表票，还有临时票、机动票，五花八门，涉及各个领域的方方面面。总之，大多数商品都是凭票供应的。什么样的商品就用相应的票证去购买，对号入座，缺一不可。

教学素材：服装设计大师皮尔·卡丹的中国故事

　　1979年4月，皮尔·卡丹受邀来到中国，他让中国观众第一次看到了外国时装设计师的服装表演，虽然这只是一场限于外

贸界与服装界人士参加的"内部观摩"。

在北京民族文化宫一个临时搭起的 T 型台上,皮尔·卡丹带来的 8 个法国模特和 4 个日本模特,在流行音乐的伴奏下走起了猫步,台下的人们穿着蓝灰制服,屏住呼吸观看。当一位金发女模特在 T 台中间停下,兴之所至撩起长裙的两襟,露出三角裤,台下观众竟不约而同地向后仰身。"像在躲避着一种近在咫尺的冲击波。"观看了这场表演的新华社记者李安定这样描述。

在北京的展示中还发生了一个关于"帘子"的小插曲。有人看后台男女模特混杂换衣,觉得"不方便",给他们中间加了一块幕布,皮尔·卡丹发现后要求中方把幕布拆掉,他说:"我们的男女模特一直是在一个房间里换衣服,没什么不方便,作为服装设计师我要像医生了解病人一样了解模特形体。"中方人员接受了意见,但相约不要走漏风声。两年后,1981 年,皮尔·卡丹再次到中国进行服装展示,这次是在北京饭店,首次面向公众,展示服装的已经主要是中国自己的模特。后来成为皮尔·卡丹中国代表的宋怀桂当时负责挑选模特,这在当时是个难题,大部分人根本不知服装模特是做什么的,宋怀桂等在街上看到漂亮姑娘或小伙,就像"星探"一样先自我介绍,再介绍模特业是什么,问别人能不能过来试试,得到的回答往往是"要问父母"。模特表演队最终挑选出来的一二十人,几乎全部来自基层。有卖蔬菜的、织地毯的、卖水果的,还有纺织女工。他们每天晚上集中在一起,接受来自巴黎的两位专业教练的指导。很多人对家人和单位隐瞒了真相,用请病事假的办法保证训练。父母往往是阻力最大的人,他们担心这是种"下贱"的工作,当时模特队里年龄最小的石凯,后来被称为中国真正的"第一名模",那时候经常被父亲威胁"如果敢登台表演就打断你的腿"。单位给的压力也非常大,第一代男模贡海滨就被工厂从市区"发配"到郊区去搬砖。因为是第一次面对公众,组织者还担心中国人不喜欢看服装表演，挖空心思在其中加入了京剧的猴戏，戏剧评论家霍大寿帮忙从中国京剧院找来了串场的演员。霍回忆说，当时对服装的审查非常严格，很多有"暴露"嫌疑的服装都没有获得展示机会。

教学素材：北京首都国际机场壁画风波："裸女"被遮十年

1979年10月，由张仃、袁运甫、袁运生等艺术家创作的大型壁画群，在北京首都国际机场（简称"首都机场"）创作完成。其中，袁运生的作品《泼水节——生命的赞歌》，画面中出现了三位裸体沐浴的傣族少女，尤为令人关注。

海外媒体称：中国在公共场所的墙壁上出现了女人体，预示了真正意义上的改革开放。当时正在内地投资的霍英东说："我每次到北京，都要先看看这幅画还在不在。如果在，我的心就比较踏实。"

一幅原本普通的壁画，被赋予了政策风向标的特殊含义，也带来了意想不到的争议。

邓小平也来看这幅画，那天他特别高兴，看得很细致，说："为什么有人反对画人体啊，这有什么好反对的。"陪同邓小平参观壁画的王震说："这是科学。"李先念说："中国有的人就是少见多怪。"邓小平说："我看机场壁画很好，应该出画册，要是能在城里画一个更好，让老百姓都能看到。"

根据邓小平的指示精神，1979年10月召开的第四次全国文代会上，周扬在报告里突出提到首都机场壁画在艺术上取得的特殊成绩。以前，我们只能画政治题材，从此以后，山水花鸟、农村城市、历史题材等，都可以画了。

当时反对的人主张修改，不能出现裸体，至少要穿个裤衩，或者不行就干脆撤掉。1979年年底，有人以中国美协的名义专

门组织过一次现场批判会。袁运生出来解释说，这里画的是傣族的历史，不是现在。泼水节的故事在傣族民间传说里，就是说有个魔王总是欺压百姓，后来被傣族少女杀死，人们泼水冲洗魔王留下的脏脏血迹。这幅画表达了傣族人民追求幸福的愿望，是很有诗意，很浪漫的。经过袁运生这一解释，傣族学生都觉得这幅画很好，要说有意见的话，也是觉得还没有把傣族人民今天的幸福生活更全面地表现出来。但有关方面为了平息有些批判者的怨气，画还是被挡了起来。先是1980年加了个纱帘，好像给裸体女子穿了件衣服，后来到了1982年又用三合板挡上，这一遮一挡持续了十年。

2. 社会主义制度的自我完善和发展

（1）社会主义社会的基本矛盾

在我国探索社会主义发展道路之前，传统社会主义理论认为：社会主义不存在矛盾，"精神上和道义上的一致"是社会主义社会发展的动力。

1）毛泽东关于社会主义社会基本矛盾的理论

第一，指出社会主义社会仍然存在着矛盾，正是这些矛盾推动着社会主义社会向前发展。社会主义社会的基本矛盾仍然是生产关系和生产力之间的矛盾、上层建筑和经济基础之间的矛盾。

第二，阐明了社会主义社会基本矛盾的性质和特点。

特点：既相适应又相矛盾。

性质：人民根本利益一致基础上的非对抗性矛盾。

第三，提出了通过社会主义制度本身解决社会基本矛盾的思想。

第四，在阐明中国社会主义社会基本矛盾状况和性质的基础上，进一步分析了中国的社会矛盾。

2）邓小平对社会主义社会基本矛盾理论的丰富与发展

第一，判断一种生产关系和生产力是否相适应，要从实际出发,具体问题具体分析,主要看它是否适应当时当地生产力的要求,能否推动生产力发展。

第二,提出在社会主义社会依然有解放生产力的问题。

第三,把社会主义社会基本矛盾、主要矛盾和根本任务统一起来。

第四,指出了解决社会主义初级阶段主要矛盾的途径是改革。

(2)改革是社会主义社会发展的直接动力

改革是社会主义发展的直接动力,这是由社会主义基本矛盾的运动和当代社会主义建设实践所决定的。马克思主义认为,人类社会发展的一般动力是社会基本矛盾的运动。生产力决定生产关系,生产关系反作用于生产力;经济基础决定上层建筑,上层建筑反作用于经济基础。随着生产力的发展,原来与其性质基本相适应的生产关系和上层建筑,会逐渐变得同生产力的发展相矛盾,因此,根据生产关系一定要适合生产力性质和状况这一客观规律的要求,必然要发生社会变革来解决生产力与生产关系之间的矛盾。阶级斗争是阶级社会发展的直接动力,因为只有通过阶级斗争,改变旧的社会制度,建立新的社会制度,才能解放生产力,推动生产力的发展和整个社会的进步。

(3)改革是社会主义制度的自我完善和发展(改革的性质)

任何社会制度都有一个不断完善的过程,资本主义制度也是如此,社会主义也不例外。资本主义从出现一直处在不断地完善中。经济危机、罢工失业是资本主义的常见病。

教学素材:占领华尔街运动

2011年9月17日,上千名示威者聚集在美国纽约曼哈顿,试图占领华尔街,有人甚至带了帐篷,扬言要长期坚持下去。他们通过互联网组织起来,要把华尔街变成埃及的开罗解放广场。

示威组织者称,他们的意图是要反对美国政治的权钱交易、两党政争以及社会不公正。2011年10月8日,"占领华尔街"抗议活动呈现升级趋势,千余名示威者在首都华盛顿游行,如今已逐渐成为席卷全美的群众性社会运动。随着时间的推移,示威活动不仅在美国多个城市蔓延,不少欧洲国家也被卷入其中,许多普通民众纷纷走上街头,表达对政府处理欧债危机方式的不满。纽约警方11月15日凌晨发起行动,对占领华尔街抗议者在祖科蒂公园搭建的营地实施强制清场。美国学者大卫·莱伯曼说:"占领华尔街运动提出,社会上1%的人掌握了经济和政治权利导致绝大多数人的生活发生危机(失业及住房、医疗保险、教育、老人保健等方面的问题),是危机的根源所在。"归结起来,占领华尔街运动说明当前资本主义社会面临重大困难,许多政策需要调整。但是,资本主义的基础并没有动摇。市场经济、民主政治、私有制,都不会改变。金融业也不会消失。但是,贫富差距的问题必须找到更好的办法使其缓解。

从某个意义上讲,美国国内上演的"占领华尔街"运动,中国人不能仅仅满足于"看热闹",我们应做的是,由美国这样一场社会抗议运动,去分析美国模式再分配制度和其他政治、经济、社会政策存在的弊端,对照中国的政策实践和社会现实,进行必要的调整改进。

社会主义的制度分为基本制度与具体制度,基本制度如公有制、按劳分配、人民民主专政、人民代表大会制度等是正确的、优越的,是我们的历史选择,不能改变。而社会主义的具体制度,即经济体制、政治体制和其他方面的体制,其中有不少是需要改革的。社会主义的基本制度不能改变,具体制度必须创新。改革总的目的是要巩固社会主义制度,在社会主义制度下发展生产力。改革是一场伟大的革命(广义上的革命),但它不是一个阶级推翻另一个阶级意义上的革命(狭义上的革命),不是也不允许否定和抛弃我们已经建立起来的社会主义制度，改革的性质是社会主义制度的自我完善和发展。

本节课总结：

（1）不改革没有出路，必须坚持社会主义改革。

（2）以改革为名，改变社会主义性质也没有出路，必须坚持改革的社会主义方向。

第九章　教学模式与方法贯彻于《纲要》课教学

一、《纲要》课教学的理论探析

思想政治教育具有共性与个性的特点。就高校的思想政治理论课教育而言，也应把握好共性的规律和个性的特质。在艺术院校的思想政治理论课教育上，以"文字灌输"和"理论说教"为主要特征的传统教学模式忽视了思想政治教育的个性，忽略了艺术院校学生的特质，致使教学实效不尽如人意，与思想育人的目标相距甚远。《中国近现代史纲要》（以下简称《纲要》）作为我国本科院校思想政治理论课必修课程之一，在教学上也应体现艺术类本科院校的特点，在教学方法上进行改革和创新，以便适应新时期艺术院校所面临的历史教育、思想教育的挑战。为此，《纲要》课程尝试实施三大教学方法——传统文化教学法、艺术作品教学法、艺术案例教学法（以下简称三大教学方法），凸显艺术院校思想政治理论课的特色，摸索一条思想政治理论课教育共性与个性相结合的道路，对于提高艺术院校《纲要》课教学针对性和实效性具有重要的意义。

（一）三大教学方法在《纲要》课中运用的必要性

1. 运用传统文化教学法的必要性

中国传统文化包含着极其丰富的内容，其主要特点是强调思

第九章 教学模式与方法贯彻于《纲要》课教学

辨传统、重视伦理道德、彰显人文精神①。从艺术与传统文化的关系而言，传统文化与艺术是共生共存的，以人文导向艺术和以艺术奠基人文是中国传统文化中的艺术文化特色。这是艺术院校运用传统文化实施《纲要》课教学的文化背景。

运用传统文化教学法，就是把传统文化与历史文化相结合，把人文精神与艺术精神相结合，以优秀的传统文化引领学生深入了解中国近现代史的方方面面，以历史教育作为展示传统文化魅力的一个窗口和媒介，从而增强学生的文化鉴别力、历史鉴别力和艺术鉴别力。

第一，中国传统文化追求思辨、追求真知，从历史的角度而言，思辨是以历史作为重要载体。中国传统文化的思辨特点与艺术院校的学生擅长形象思维具有一致性。传统的历史教育传递着历史知识、灌输历史意识形态，偏重于历史经验的总结，对于《纲要》课的教学来说，这是重要内容，但立足艺术院校的实际，《纲要》课的教学应该侧重于历史批判、历史审视，以史为载体，培养艺术生的批判意识、质疑意识和创新意识。故此，《纲要》课应用传统文化教学法应该突出艺术生的特点，培养和训练学生从文化的脉络上解读中国近现代史的文化素养。

第二，中国传统文化突出智性与德性，彰显人文主义精神。教师在《纲要》课中实施传统文化教学法，在历史教学中运用蕴含人文主义精神的事件、人物去理解、分析和把握中国近现代史的相关人物和事件，以人文主义精神作为大背景去凸显中国近现代史的延续性和发展脉络，使得学生在更为广阔的、宏观的视野上解读中国近现代史的特质。中国传统文化中的人文主义精神不会在近现代史中突然断链，它必然会反映在社会领域、思想领

---

① 参见章启辉：《发掘中国传统文化教学资源，服务于大学生文化素质教育》，载《大学教育科学》2004年第4期。

域，影响到中国人如何评判诸如鸦片战争、太平天国运动、戊戌变法等历史事件，以及袁世凯、孙中山、毛泽东等历史人物。故而，彰显传统文化的人文主义传统可以改变艺术、历史、人文割裂的现象，使得学生站在人文主义的立场上开阔历史视野、活跃历史思维、提升历史素养。

第三，中国传统文化重视伦理道德精神，具体在艺术领域，则表现为德与艺的统一和契合。在当代，随着市场经济的发展，社会领域、经济领域出现权力寻租、社会腐败、分配不公等现象，使中国传统文化中的道德榜样、伦理精神在某种程度上沦为唾弃的对象，失去了感召力，并渗透到艺术领域和艺术教育上。因而，部分学生产生了严重的传统文化认同危机，甚至丧失中国伦理道德的信心。有些学生对于传统道德与艺术的关系视为虚伪，在艺术创作中尽力避免道德的染指。对此，教师在《纲要》课的教学中，要紧密把握传统文化的艺术伦理精神，站在伦理道德文化与艺术文化交叉的背景上，倡导并履行艺与德的统一，艺术与人文的统一，进一步发掘中国传统文化中的艺术伦理方面的教学资源，应用于学生的历史素养教育之中。

第四，《纲要》教学中应用传统文化教学法是培养艺术生人文素养的重要途径。艺术与文化、历史无法割舍的关系早已成为公认的常识。教师在《纲要》教学中应用传统文化教学法，把史与文、史与艺紧密结合起来，为学生从事艺术创作、艺术设计等相关工作提供一个了解历史、认识传统的窗口，从而引导学生正确运用历史唯物主义去认识和分析艺术生涯，培养学生独立观察艺术现象、正确思考艺术人生、辩证分析艺术现状的能力和意识。

2. 运用艺术作品教学法的必要性

第一，艺术作品教学法以艺术欣赏、评判、创作的形式使学生易于接受历史理论和历史教化,避免理论说教的枯燥和烦闷。比如,在《纲要》课绪论部分,教师通过展示相关艺术作品,以直观的形式解说鸦片战争前的中国和西方资本主义国家的概况,从而使得学生更为深刻了解鸦片战争的世界背景和国内背景,避免了历史内容和历史素材的单一灌输带来的视觉疲劳和认知厌烦情愫。

第二,艺术作品教学法从内容与形式上丰富学生认识历史问题的视角。一般而言,艺术作品兼具美的形式和丰富的内容。艺术类大学生在艺术作品的欣赏、评判、创作过程中,往往会从形式的层面了解艺术作品创作技法的发展过程,从单幅作品的维度更为清晰地把握美术史、设计史的发展脉络和内在理路。但是,艺术作品带给学生的不仅是美的形式,它更是特定时期社会历史的反映。教师实施艺术作品教学法,让学生了解艺术家创作时所处的政治、经济、文化等历史背景,既熟悉、重温历史知识,又准确地把握特定时代的主旋律。

第三,艺术作品教学法为建立多元性的历史解释框架提供一种可能性[①]。艺术作品教学法的核心要素是展示艺术作品。艺术作品生动、逼真、形象地呈现在学生的面前,使学生受到感染、引起共鸣。在艺术情感的驱动下,学生对艺术作品的欣赏与评判不仅可以陶冶情操、净化心灵,而且还能从艺术的角度阐释历史提供一种可能路径。历史教育在传统上偏重于理论灌输和说教,形成单一的历史认知视角,容易造成学生历史素养的贫乏与历史价值观的偏颇。有学者认为,史实是历史的骨骼,解释则是历史

---

① 参见耿化敏:《历史影像与中国近现代史纲要教学的探索》,载《教学与研究》2011年第1期。

的血液①。艺术作品教学法作为认知历史、解读历史的一种视角，无疑是让历史焕发生命的"血液"。它丰富了历史叙述的概念和解释框架，让学生跳出纯粹史实的局限，以图文并茂的形式追求历史应有之义，帮助学生全面了解艺术作品的历史性、社会性，为树立科学的历史观提供了新的通道。

3. 运用艺术案例教学法的必要性及其意义

根据案例教学法的原则，结合艺术院校的现状，立足《纲要》课的特征，探索艺术案例教学法。艺术案例教学法是指教师根据课程的目标、内容以及学生特点，运用典型的艺术案例，在课堂上组织学生阅读、分析和讨论，提高学生艺术认知能力、思想政治素质的一种教学方法。艺术案例教学法运用于《纲要》课教学，目的是以典型的艺术案例作为手段，在讨论研究中使学生掌握历史知识和历史概念，并正确评价历史现象，深刻体认"四个选择"（即历史和中国人民选择马克思主义、选择中国共产党、选择社会主义、选择改革开放）②。

第一，艺术案例教学法加强了历史与艺术之间的融合。对于艺术院校的学生而言，教师运用传统历史教育的灌输法和说教法，会降低思想政治教育的实效性和影响力。原因是，一方面艺术院校的学生人文素质偏低，对于人文学科抵触感较强；另一方面，艺术院校的学生擅长形象思维，对于文字性的东西接受力较差，对于图像、影视资料则深为喜爱。

艺术案例教学法中的艺术案例具有形象、直观、典型的特

---

① 参见耿化敏：《历史影像与中国近现代史纲要教学的探索》，载《教学与研究》2011年第1期。
② 参见吴会蓉：《略谈历史案例教学》，载《中华文化论坛》2009年第1期。

第九章 教学模式与方法贯彻于《纲要》课教学

点,与艺术院校的学生气质可谓"臭味相投",有助于深化学生对历史的感性认识,促进学生从历史的角度深入思考和探讨艺术,从而加深学生对抽象的历史知识与具象的艺术知识之间关系的理解和把握。

第二,艺术案例教学法体现了以生为本的教育思想。艺术案例教学法以学生、艺术案例以及学生对艺术案例的研究为中心,符合学生渴望展示、主动实践、锻炼能力的心理特征,为学生独立思考、畅所欲言创造良好条件。它强调学生学习兴趣的培养和激发,强调学生主观能动性的张扬,凸显学生的主体地位。

艺术案例教学法从特定历史时期的具体艺术案例出发,贴近艺术生的个性、贴近艺术生的学习、贴近艺术生的生活,符合艺术生的思维特点。学生通过艺术案例的积极思考和探讨,从案例本身归纳出历史道理,通过案例分析悟出历史教化,加深对抽象历史理论知识的理解和把握,增强逻辑思维能力。

第三,艺术案例教学法促进思政课教学模式的转变。传统思想政治教育的课堂教学模式以教师为重点,教与学之间的区别泾渭分明,学生的主体地位难以彰显,造成了学生对思想政治教育的逆反心理和厌烦情绪。艺术案例教学法在一定程度上突破了传统课堂教学的弊端,优化了传统课堂教学模式,改变了教师主宰课堂的局面,彰显了学生的主体地位,使学生从被动听课、消极接受的配角转变为积极参与、主动思考、自觉研判的主角上来。艺术案例教学法探讨"以教为中心"到"以学为中心"的转变,探讨"师生主从"到"师生互动"的转变,探讨启发式、参与式、研究式的教学手段,既符合艺术类大学生的特点,又适应艺术院校思想政治教育规律,是促进思政课教学模式转变的勇敢尝试。

（二）三大教学方法在《纲要》课中的具体实施

1. 传统文化教学法的实施

第一，在课堂教学中充分利用传统文化资源。中国近现代史作为中国历史的构成部分，并非横空出世、贸然升出，必须要立足中国传统文化的大背景去考察和研究，才能正确领会中国近现代史的片段意义和整体意义。从这个层面上讲，中国近现代史中历史人物的思想、历史事件的发生都是中国传统文化的延伸和继续。况且，不同历史时期的历史人物、历史事件反映不同历史时期的文化现状、文化趋势。教师在课堂教学中充分利用传统文化资源，引导学生进行科学的分析和思考，学会历史唯物主义的辩证方法，学会透过历史现象把握历史本质，从而在复杂多变的历史表象中探寻历史规律，更为深刻地理解"四个选择"的历史必然性。

传统文化是培养学生史学素养的基础。历史学科中有一个基本原则——论从史出。要培养艺术生的历史素养，仅仅依靠单纯的以事论事、以史论史的教学方法是无法胜任的。教师应该引导学生，根据确凿的史料、文化的脉络、思想的统绪推导出令人信服的结论，从而培养学生的历史意识，涵养学生的历史情怀，为学生的艺术专业学习奠定扎实的基础。

艺术家的艺术作品要获得生命力、影响力和传播力，必须植根于中国传统文化当中，并且艺术家要以厚实的文化理论底蕴作为艺术创作的基础。教师挖掘中国近现代史中的传统文化资源，用之于阐释历史现象，并在文化延续的角度展开精辟的论述，吸引学生关注传统文化理论和经典书籍，在艺术实践中自觉运用传统文化，这对于学生创作出立意高远、隽永深远的艺术作品有积极的意义。

第九章 教学模式与方法贯彻于《纲要》课教学

第二，开展社会实践活动，体认传统文化的魅力。开展形式多样的社会实践活动，把艺术生的历史文化体验看作《纲要》课程实践教学的实施重点。

（1）利用节日、节气以及历史纪念日等传统文化重要时节开展体认中华传统文化的实践活动，把课内教学与课外活动相结合，通过多种途径培养学生的民族自豪感、爱国主义情操，让学生深入了解和把握历史知识、历史哲理，从而把历史文化知识内化为学生个体素质和自觉行为，有利于学生建立正确的世界观、人生观和价值观。实践证明，学生在体验历史文化传统时，会进一步掌握课堂教学的内容，真切体认到历史教育的独特性，更为自觉地认同、接受传统文化。

（2）利用校园文化的平台，组建关于传统文化的学生社团。学生社团是学生自我管理、自我学习和自我教化的重要载体。学生在社团活动中积极开展各种传统文化活动，可以亲自感悟、领略到历史文化的魅力，增强对历史知识、传统文化的了解。通过社团实践平台，学生不仅仅深化对历史教育的认识，而且传承、传播中华民族历史文化和精神，拓展了课堂教学的教育效果。

（3）利用区域文化资源，立足区域人文底蕴，建立实践教学基地。思政课教师要结合课堂教学的内容，组织学生到教学实践基地参观，让学生感受中国近现代以来的历史传统、历史斗争，了解中国近现代以来的屈辱史、抗争史，增强学生对中国人民选择马克思主义、选择中国共产党、选择社会主义和选择改革开放的理性认知和认同感。

（4）开展中国近现代史专题调查活动，让艺术生在调研中体验历史的厚重感。教师要对学生的调研进行引导，教育学生挖掘中国近现代历史上的民族文化资源、革命传统资源、中共党史资源等，把传统文化与历史教学相结合，引向人文精神、人文主义。教师可以班级为单位，以演讲比赛、征文比赛、辩论赛等形式开展历史文化的调研活动评比。

第三,加强传统文化教育和历史教育的融合。在《纲要》课教学的过程中,改变传统文化教育与历史教育割裂的倾向,加强中国传统文化与历史学科之间的融合,强化历史教学中优秀传统文化的渗透。

教师要根据《纲要》课的内容,结合艺术表演、艺术创作和艺术设计等艺术类专业特色,挖掘优秀传统文化之中的思想政治教育资源、人文素质教育资源和艺术史教育资源,运用到历史事件、历史人物和历史评价的教学当中,加强传统人文精神的渗透,增强大学生的文化底蕴。在《纲要》课中渗透传统文化内容,可以从两个层次进行探索。

(1)自主地将传统文化的精神内核合理规范内化到《纲要》课的总体要求中。比如,将中华民族的爱国主义精神、坚强不屈的意志、同仇敌忾的气概、文明礼仪之邦的气度等内化为培养目标、课程目标、教学目标。

(2)自觉地将传统文化的具体要求以知识技能、价值判断和情感态度的方式纳入到《纲要》课教学当中[1]。

例如,学习鸦片战争这个专题,就可以枚举和分析历史上岳飞、文天祥等英雄人物精忠报国的事迹,使学生对林则徐虎门销烟的举动有更为清楚和连贯的了解,激发学生的爱国情感和民族自豪感。通过串联起历史名人的伟大贡献,梳理出古今仁人志士为了国家、民族的利益甘愿抛头颅、洒热血的榜样力量,在帮助学生分析和解决历史问题的困惑和彷徨的同时,渗透了正确的价值观、历史观。又比如,通过介绍长城、故宫、赵州桥等中国传统建筑艺术风格,让学生了解作为万园之园的圆明园的价值和地

---

[1] 参见黄昕、姚婕:《文化多元背景下构建大学生中华优秀传统文化教学体系的思考》,载《湖南科技学院学报》2010年第8期。

位,从而认清外国侵略者破坏圆明园的丑陋行径,更为深刻地了解艺术与国力、艺术与政治的关系。

2. 艺术作品教学法的具体实施

第一,以艺术作品为载体唤起学生的艺术情愫,激发学生历史学习的兴趣。《纲要》是用历史唯物主义对中国近现代史进行全方位思考的产物,是从思想政治的角度把握中国从鸦片战争以来的社会史、政治史以及抗争史,并以较为抽象的形式揭示中国近代以来历史发展演进的规律。此外,中学阶段的历史教育与《纲要》的内容存在重叠的地方,单纯的知识灌输难以引起学生的求知欲;相对于中学历史课本,"纲要"课缺乏图文并茂的形式。以上这些因素,对于艺术生的《纲要》课接受度、学习度以及观赏度存在不少挑战。

艺术作品教学法立足于艺术院校学生的专业特长,将历史现象重现在学生头脑里并使其形象化,激发学生发挥艺术的想象力去看待历史事件和历史人物,唤起学生的艺术情愫,最终生发对历史学习的兴趣。学生在艺术作品赏析的过程中,以艺术感知唤起艺术情愫,艺术作品并非纯粹的知识载体和形象媒介,而是引发学习历史兴趣的重要手段。

艺术作品教学法点燃了学生的艺术情愫,激起学生对中国近现代历史的关注和兴趣,从而对中国人民选择马克思主义、选择中国共产党、选择社会主义、选择改革开放的必然性了解得更为深刻。

这里选举一个红色美术经典的例子。毫不夸张地说,要揭示革命战争年代中国共产党领导下红军战士的精神面貌,细腻的笔触、生动的语言、形象的叙述等文学手法都不及潘鹤雕塑作品《艰苦岁月》的艺术张力。作者以革命的现实主义与革命的浪漫主义相结合的精神,把笔端指向两位红军战士的形象刻画。作品呈现的形象是：残破的军帽，褴褛的军衣，裸露的脚丫，如钢棍的手指上一支古色的长笛，干裂的嘴唇轻贴笛孔，老战士快活地吹奏着悠扬的乐曲。一个满脸稚气的十一二岁的小战士蜷缩在他的身旁，一手抱着长枪，一手托着下颌，聆听着那美妙的笛声，憧憬美好的未来①。这是从艺术的角度展现出来的历史画面、历史具象，让学生体会到艰苦斗争环境中红军战士的坚定信念、开朗胸怀，从而生发起珍惜当下生活、认真学习、奋发向上的美好夙愿。

当然，艺术的展现并不能替代历史的真实，艺术的情感不能取代历史的必然。教师在运用艺术作品教学法时，应强调历史与艺术的差别，强调审美与教化的界限，把学生的艺术感情上升到历史的理性。

第二，以艺术作品把握历史，培养学生对历史题材的敏锐性。在《纲要》课中采用艺术作品教学法，使得艺术与历史融为一体，学生在视觉与文字相互交叉的视域中去掌握历史知识、提升理解能力、活跃逻辑思维。艺术作品以图像为形式、以视觉信息的刺激为媒介，既体现了历史知识的沉淀，又以一种别开生面的场景传达历史题材的诸多意义。

比如，在讨论抗日战争这个专题时，教师可以选择红色美术经典，让学生了解作品创作的背景、创作者的心态、作品引发的社会意义，从而引导学生深刻领会艺术与政治、艺术与历史的紧密关系，激发学生对历史题材的兴趣。以徐悲鸿在抗日战争期间创作的重要作品《风雨鸡鸣》为例，画的背景为昏暗的漫漫长空，用淡淡的墨色，渲染出风雨交加的场面，看后心情压抑，甚至令人窒息。而一只冠红似火的大雄鸡，不畏艰险，立于峻峭的巨石

---

① 参见《艰苦岁月》雕塑作品，[EB/OL] http：//baike. baidu. com/link？url = eqP3YrkUTmv5q1Yvts8ieQm-dnvi8InsOw1vIqif.

之上,挺胸仰望天空长鸣。徐悲鸿借此发泄胸中的忧愤之情,渴望黎明的到来,期盼黑暗过后,与亲人团聚。嶙峋的山石旁,是一丛象征民族气节的墨竹,表现出坚贞不屈的英雄气概[①]。

徐悲鸿这幅作品教化功能极强,唤醒了沉睡的中国公民,激励着一大批仁人志士,为民族解放奋斗不息。教师通过运用诸如红色美术经典这些艺术作品,从艺术浪漫主义与历史现实主义相结合的角度,教育学生挖掘艺术作品中的历史意蕴和艺术意蕴,引导学生从波澜壮阔的近现代史中寻觅艺术创作的灵感和材料。

此外,在课堂教学以外,教师应有意识地把历史教育与艺术创作联系起来,在布置作业、考试考核中提供学生创作历史题材的机会。在教师设定的历史主题下,学生利用绘画、设计、影视、动漫等技法来再现历史,培养学生在创作过程中对历史题材的欣赏性、敏锐性和娴熟度。

第三,以艺术创作为契机深化历史知识的理解。艺术作品教学法不能局限于课堂的运用,可以变成第二课堂教学的重要手段。教师在实践教学环节中,应以艺术创作为契机深化学生对历史的理解。教师应引导学生从艺术的角度反映历史的变迁和积淀,创作诸如关于中国革命历史遗址、中国革命英雄、中国历史变迁的艺术作品。通过课外的艺术创作,学生寓学于乐中。

学生历史学习的空间场域由课堂转向艺术实践中,而学生对于知识的理解和接纳,由间接、被动地理解转换成直接、主动地把握,从教育的对象、灌输的对象变成自我教育、自我学习历史知识的探寻者。这是弥补课堂教学不足的有益探索。以笔者所在的城市广州为例,广州是中国近现代革命的重要发祥地,既有影响深远的革命先烈,也有着大量的革命文物,开展历史教学的资源非常丰富。教师要拓展第二课堂,组织学生去革命圣地、烈士

---

① 参见段红娟《风雨鸡鸣对比赏析》。

陵园、革命遗迹等地方参观和写生，通过艺术创作、艺术设计等手法表达对革命先烈的敬仰之情，并且以学生实地考察的艺术作品作为衡量学生成绩的重要部分。

学生完成艺术创作的过程就是深化历史知识和历史原理理解的过程。教师根据教学大纲对艺术创作的主题进行设置，使学生专注于一个历史人物、一个历史事件或者历史主题，并指导学生查阅书籍，获得历史人物生平、评价的相关资料，在此基础上，鼓励通过艺术手法去创作、设计历史人物，突出历史人物的地位、树立历史人物的形象。在艺术创作的整个过程学生需要潜心研读相关资料，反复磋商和深入思索，把抽象的历史理论、具体的历史知识通过自己的一番探究，内化为学生的理想和信仰，并以各种艺术形式表达为艺术的具象。对于设计专业的学生，他们可以通过动漫设计、影视设计等手法生动形象地展现历史人物和历史情节，既激发学生的历史兴趣，又提升学生的专业学习能力。艺术创作过程是历史的重现和再现，也是学生全面、深入了解历史现象的过程，但对学生来说，这不仅仅是艺术作品的完成，更为重要的是学生对历史的自觉、对历史从艺术维度进行的理性审视。

3. 艺术案例教学法的具体实施

第一，理清艺术案例教学法的思路和步骤。艺术案例教学法可以分解为四个步骤，具体是：精选案例→视觉传达→研究讨论→内化升华。其中，教师起到指导的作用，学生在艺术案例教学过程中居于中心地位，起到主体作用。[①] 精选案例是关

---

① 参见郭国祥：《问题意识培养与中国近现代史纲要课程教学创新——武汉理工大学中国近现代史纲要课程教学改革初探》，载《学术论坛》2011年第3期。

键。在选择中国近现代史的艺术案例时,要强调艺术与政治、历史的关系,也就是说,艺术案例要反映历史意识和政治意识形态,以此批驳颠倒是非、混淆视听的历史虚无主义思潮。比如,选择艺术家的艺术人生案例,说明艺术家植根于社会实践的重大意义,从正面讲清艺术家与人民、社会之间的紧密联系,以艺术实践、艺术作品去实现爱国主义的政治怀抱和崇高情操。

视觉传达是媒介。通过多媒体设备显示艺术案例,把历史专题知识与艺术观感联系起来,对艺术生而言,文字与视觉相互结合,可以激发学生迫切了解艺术家生平、艺术家思想以及艺术事实的兴趣,既使得学生进一步熟知艺术思想,也使得学生设身处地地感知历史问题。

研究讨论是中心。艺术案例本身适合师生之间的互动,是教与学相长的一个重要手段。教师首先定调,把握好课程内容的主旨,平等地参与学生的讨论。在讨论中,教师不仅要紧扣历史知识和课堂目标,而且发挥学生艺术专长,引导学生进入案例的角色去体会、去评判。

内化升华是目的。艺术案例把事实叙述与情感表达联系在一起,情感表达是目的,故此不能就事论事,而需要把事实叙述中蕴含的历史情感、意识形态、伦理道德内化为学生的素质。这是艺术案例法的最终目的,也是艺术案例法的价值所在。

第二,认真甄选经典型的艺术案例。艺术案例不能信手拈来,需要紧密围绕教材内容和紧扣教学宗旨,其范围要大、要广,囊括中国近现代史的主要内容,避免过于集中和过于分散,并且带有方向性,在纵向的维度上去把握艺术与历史、政治的关系。综观《纲要》课的内容,艺术案例应以专题教学为主线,考虑在以下的范围之内选取:鸦片战争、太平天国运动、洋务运动、戊戌变法、辛亥革命、中国共产党成立、土地革命战争、抗

日战争、解放战争、社会主义改造、改革开放等。教师应充分了解中国近现代美术史,结合中国近现代史的专题内容,把历史人物、艺术家实践、历史事件、思想评判等方面串联起来构成艺术案例,作为艺术案例教学法的核心要素。

以油画家詹建俊创作《狼牙山五壮士》为案例进行演示。

首先,教师通过多媒体呈现詹建俊创作《狼牙山五壮士》的经历。詹建俊为中国油画界中较早对油画的现代性意味进行探索的画家,是认识和研究20世纪下半叶至当代中国油画文化的重要代表,《狼牙山五壮士》是詹建俊于1959年创作的经典作品。作品并没有直接描绘战争的残忍,而是抓住五壮士们跳崖之前的瞬间作为定格,给观者留下充分的想象空间。詹建俊在创作前期做了充分的准备工作,当进入创作状态时,激情涌动,英雄人物性格的多面性特点及精神性的整体英雄形象不断浮现眼前。他几乎一气呵成,很快就完成了草图。为作此画,詹建俊阅读了大量文献资料,还曾赴烈士们就义的地方考察,采访他们的身世和事迹,以揣摩体会人物在特定历史时刻的心理活动和精神状态。詹建俊在创作时突出形式美的规律的运用,利用象征性的手法把人物组成山字形的构图,与群山熔铸为一体,塑造出纪念碑式的效果。这对当时现实主义油画创作的创作手法是一种挑战。但创作草图出来后,他大胆的构思在油画界引起了争议[①]。在种种非议声中,他坚持下来,终于获得成功。

其次,教师通过创作者的历程解读,使学生认真体会詹建俊创作《狼牙山五壮士》的背景、心路、挑战等,使学生了解艺术作品是对历史的形象反映。

最后,发动学生分组讨论。讨论的主题可以分成:艺术家创

[①] 参见郝晓燕:《一座巍峨的英雄纪念碑——读詹建俊先生画作〈狼牙山五壮士〉》,载《楚天都市报》2007年7月。

第九章 教学模式与方法贯彻于《纲要》课教学

作的准备（包括历史知识准备和实践调研），艺术家创新的勇气和果敢，艺术家以历史为题材迸发个人艺术天赋。

通过教师讲解、学生鉴赏、分组讨论等环节，较为完整地呈现艺术案例法的思路，让学生体会到艺术家植根于历史题材中是我国艺术界的光荣传统，让学生明白了作为艺术家所肩负的社会责任和历史使命，从而激发起学生努力学习历史的信心。

第三，突出艺术案例的思想性。《纲要》课作为一门思想政治理论课，其灵魂在于它的思想性。艺术案例是展示《纲要》课内容的手段，是艺术生思想政治教育的切入点。因此，艺术案例在注意典型性同时应该具有针对性、时代性，能揭示艺术与历史、艺术与政治、艺术与社会的矛盾。学生透过艺术案例的表象，揭示其中蕴含的实质内容，挖掘其中的精神实质，认识到艺术现象背后的真理性、规律性，从而正确运用马克思主义的立场、观点、方法来认识和处理艺术问题、历史问题和政治问题[①]。

艺术案例承载着具体的艺术信息，比如艺术家、艺术作品、艺术评判等内容。学生在品读、讨论艺术案例过程中，聚焦在艺术家特定历史时期的艺术实践和某些艺术事件上面，无形之中高扬艺术性、冲淡思想性。故而，教师要做好引导工作，引导学生从历史背景中了解艺术作品的创作、艺术家思想的旨归、艺术作品的社会效应以及艺术事件的思想内涵等，从而归结到"历史和人民选择马克思主义、选择中国共产党、选择社会主义、选择改革开放"四个宗旨上面来。

---

① 参见阮星光、王春茹：《让案例教学法在高校思想政治理论课教学中发挥功效》，载《江苏高教》2007年第1期。

（三）运用三大教学法需注意的几个问题

1. 教学方法是服务性的

平心而论，三大教学法并非适用于《纲要》课的所有内容。此外，三大教学法的运用并不意味着排除其他教学方法（比如，讨论法、演讲法、小组活动法等）。

传统文化资源的运用、艺术作品的展示和创作、艺术案例的讨论研究只是完成《纲要》课教学内容的手段，这三种教学形式必须符合《纲要》课教学需求，服从于"历史和中国人民选择了马克思主义、选择中国共产党、选择了社会主义和选择了改革开放"的课程目的。因此，传统文化、艺术文化有效地融入《纲要》课教学中，必须根据教学内容、教学宗旨、教学要求，从中提炼出具有真理性、道德性、科学性的内容，使之体现传统文化、艺术文化的历史内涵，又适应艺术类大学生的学习特点和个性特征。所以，教师在教学中要把握主心骨，正确处理好内容与形式的关系，灵活多样地运用、组织三大教学方法。

2. 教学方法是开放性的

三大教学方法既具有稳定性，又具有开放性。一方面，三大教学方法的基本理念要确立起来，要结合艺术生的特点进行设计和安排；另一方面，三大教学方法应随着教学环境、教学内容、教学形式的变化而变化，不能安于现状，要不断地充实、发展和提升。

3. 教学方法是严肃性的

三大教学方法适用于艺术类的大学生，采取学生喜闻乐见的

第九章 教学模式与方法贯彻于《纲要》课教学

方式方法,调动了学生的参与性、积极性,但同时教学过程易于出现混乱的局面。为此,教师在运用三大教学方法时,要认真对待、周密安排,对教学环境、教学规则、教学内容的设计要细致慎重,教师的主导地位、引导作用要明确、清晰,否则将背离教学初衷。

课堂教学中,不少教师实施故事性、娱乐性、游戏性很强的教学方法,以迎合学生的趣味和偏好,致使课堂教学中呈现肤浅的面貌。《纲要》课教学涉及历史人物、历史事件的叙述和阐释,一些教师为了活跃课堂气氛,对一些历史事件、历史人物从野史的角度进行"揭秘",或者传达颠覆性的历史结论。结果是,教学过程显得轻松活泼、师生互动热烈,但易于陷入拖沓、松懈、不紧凑的状态,甚至误导学生。对此,教师要适时引导、修正调整,把学生的注意力引导到主题上来。相对于纯粹文字的说教和灌输,三大教学法活跃课堂氛围、提高课堂教学效果,但容易出现跑题、偏题、注意力分散等问题,教师要学会掌控教与学的过程,使得课程呈现严肃性和愉快性、学术性和趣味性相结合的效果。

二、《纲要》课教学设计实例

【授课内容】对革命新道路的艰苦探索(《中国近现代史纲要》高等教育出版社 2013 年版第五章第一节)

【课时】一课时(45 分钟)。

(一)教学内容概述

本节课为《中国近现代史纲要》第五章"中国革命的新道路"中第一节——"对革命新道路的艰苦探索"中的内容,包括:"国民党在全国统治的建立"、"土地革命战争的兴起"、"农

村包围城市,武装夺取政权"三部分内容。本课所需时间为45分钟,学习对象为艺术本科院校大二学生,要求学生掌握中国共产党探索和开辟革命新道路的内容,理解马克思主义中国化的重要性和必要性。

(二)主要的理论知识

1. 主要知识点

(1)大革命失败后国民党政权的性质。
(2)武装反抗国民党反动统治的斗争。
(3)农村包围城市、武装夺取政权的道路中毛泽东的贡献。
(4)反"围剿"战争与土地革命的立法。

2. 主要理论

(1)大革命失败后,国民党是一个由代表地主阶级、买办性的大资产阶级利益的反动集团所控制的政党。

(2)"八七会议"确定了土地革命和武装反抗国民党反动派的总方针,是从大革命失败到土地革命战争兴起的转折。

(3)南昌起义打响了武装反抗国民党反动派的第一枪,是中国共产党独立领导革命战争、创建人民军队和武装夺取政权的开端。

(4)农村包围城市、武装夺取政权这条革命新道路的开辟,依靠了党和人民的集体奋斗,凝聚了党和人民的集体智慧。毛泽东是其中的杰出代表。

(5)农村包围城市、武装夺取政权理论的提出,标志着毛泽东思想的初步形成。

（三）学习目标分析

1. 知识目标

（1）了解大革命失败后国民党一党专政的军事独裁统治，认清国民党政权的性质，懂得对革命新道路探索的艰巨性、复杂性。

（2）了解武装反抗国民党反动统治的三大起义、一个会议。

（3）理解中国革命新道路是对马列主义的丰富和发展，是马克思主义在中国创造性的运用和发展。

（4）理解土地革命对于中国革命坚持和发展的意义。

2. 价值目标

（1）结合土地革命战争时期左翼文化运动的艺术作品和艺术案例，增强学生对艺术家与中国革命关系的认识。

（2）认识中国革命道路与土地革命、人民支持的关系。

（3）学会用马克思主义的立场、观点和方法，分析大革命失败后国民党政权的性质。

（四）教学方法

（1）教学手段上，学生阅读教材、解析图片、观看录像三结合，加深学生对中国革命新道路的理论与实践知识的了解。

（2）在师生互动中，学生能清晰表达自己对中国革命新道路理论的观点，并能从教师的评价中学会反思和自我评估。

（3）凸显艺术院校思想政治理论课教学特色，运用艺术作品教学法、艺术案例教学法和艺术创作经历教学法等方法。

(五) 学生特征分析

《中国近现代史纲要》作为本科生必修的一门思想政治理论课，其目的是让学生了解四个选择——选择社会主义道路、选择马克思主义、选择中国共产党、选择改革开放。为了深刻领会四个选择的必要性、重要性，需要对艺术类大学生的特征进行分析。

在思维特点上，艺术类大学生感性思维比较发达，思想理念上富于创造性，专业意识敏锐、专业技能扎实。在文化基础上，文化综合知识较为薄弱，文化知识学习动机不强。在思想政治上，理想信念淡薄，组织纪律性不强，对于艺术的政治性、社会性和伦理性较为抵触。在个性上，较为散漫和张扬，我行我素，团队精神和合作意识不强。

(六) 重点与难点

(1) 大革命失败后国民党政权的性质。
(2) 武装反抗国民党的斗争。
(3) 农村包围城市、武装夺取政权革命新道路的创新。

(七) 课程导入方法

本次课采取录像导入方法：播放反映国民党政权军事独裁的纪录片，然后讲授国民党大革命后的性质以及中国共产党大革命失败后的艰难环境。

（八）教学资源列表

	类型	教学内容	教学目的	运用方法	使用时间
教学媒介	视频	国民党的独裁统治	历史分析	播放—讲解	3分钟
	油画作品	南昌起义	艺术的历史性	学生分析与教师讲解	3分钟
	图片	八七会议	历史分析	呈现与讲解	2分钟
	油画作品	秋收起义	艺术的历史性	学生分析与教师讲解	3分钟
	油画作品、国画作品	《中国的红色政权为什么能够存在》、《井冈山的斗争》、《星星之火，可以燎原》、《反对本本主义》	艺术家与历史	呈现与讲解	10分钟
	视频	中央革命根据地反"围剿"的历史文献片	历史分析	讲解—播放—概括	6分钟

（九）课后艺术实践建议

（1）选择某个历史主题，如南昌起义油画作品，并查阅相关资料。

（2）发挥教师的指导作用，教育学生选择资料、分析资料和概括资料。

（3）引导学生从艺术创作中体悟历史与艺术的关系，历史教育对于艺术创作的意义和作用。

（十）教学过程设计

教学步骤	教师	学生	教学意图	呈现时间
1. 录像导入聚集精神	提问促进思考：大革命失败后，中国共产党为什么要通过武装起义，推翻蒋介石国民党的反动统治	①观看录像，提出问题；②触发记忆，积极思考	以视频资料引发学生思考，集中注意力，引出课程内容	3分钟
2. 告知目的	①呈现目的：◆知识目的 ◆价值目的 ②简单讲解	①观看学习目的；②领会学习任务	直接陈述，清醒认识	2分钟
3. 呈现教学内容	知识点：国民党的独裁统治 ①播放国民党屠杀共产党员与革命群众的历史文献纪录片；②分析纪录片的内容，概要地讲授国民党政权的性质	①观看纪录片；②了解大革命失败后的国内政治形势，了解中国共产党探索革命新道路的艰巨性	直观了解课程内容，激发学习兴趣	4分钟
	知识点：中国共产党反抗国民党统治的武装斗争和土地革命 ①提问：毛泽东关于武装斗争重要性的形象比喻的话语；	①通过问答以及图片展示，形象地了解"八七会议"的重要内容；②观赏秋收起义的油画作品，思考武装割据的意义	讨论、观赏、讲解相结合，继续激发学生学习热情	4分钟

182

续表

教学步骤	教师	学生	教学意图	呈现时间
3.呈现教学内容	②展示"八七会议"的图片,展示秋收起义的油画作品; ③问答、思考以及作品展示相结合			
	知识点: 毛泽东关于武装斗争、农村根据地重要性的理论 ①展示杨之光国画作品《不灭的明灯》及解析杨之光创作心得; ②展示吴自强、吴山明等人的《星星之火可以燎原》国画作品	①让学生了解毛泽东同志对于革命新道路开拓性的贡献; ②了解艺术家艺术创作与历史认同的关系	通过艺术作品教学法、艺术案例教学法,调动学生学习的积极性,贴近学生实际、贴近学生思想	7分钟
	知识点:红军反"围剿"战争 ①播放中央革命根据地反"围剿"战争的纪录片; ②结合教材内容,边播放边讲解	观看文献纪录片,了解国民党反动派的丑恶嘴脸,认识革命根据地建设的艰巨性和复杂性	多种教学媒介运用,提高学生学习的兴趣	8分钟

续表

教学步骤	教师	学生	教学意图	呈现时间
4. 提出问题小组讨论协作学习	①提问内容：为什么说大革命失败之后，国民党是一个由代表地主阶级、买办性的大资产阶级利益的反动集团所控制的政党？②安排小组学习任务：南昌起义以后，中国革命新道路探索阶段的历史年表	①结合教师讲解自由讨论，求同存异，形成对问题的较全面的理解；②制作大事年表，以小组为单位，选择代表，汇报小组讨论的结果	课堂提问，小组协作学习讨论，加深对学习内容的理解	7分钟
5. 教师点评	①鼓励学生发言；②听取小组成果汇报，并给予评价	从教师的点评中发现问题、思考问题，调整知识性的理解以及思考问题的方向	师生交流，教师讲解，学生领悟	6分钟
6. 总结	①总结课程内容；②综合分析学生表现	学习情况自我小结	加强逻辑思维锻炼，培养提出问题→解决问题→验证问题→总结问题的认知能力	2分钟

续表

教学步骤	教师	学生	教学意图	呈现时间
7.学以致用	安排课后作业 ①艺术创作作业，选择课程内容主要的知识点并围绕知识点进行艺术创作； ②艺术鉴赏，选择课程内容的重点知识，搜集艺术家的主题作品	明确课后作业要求	课堂理论学习与课后艺术创作、艺术鉴赏结合，加深历史知识的理解	2分钟

（十一）教学评价

学生课堂学习评价

项目	优秀级	良好级	不及格级	个人评价	同学评价	教师评价
认真	认真听讲，作业认真，讨论认真	认真听讲，作业依时完成，有参与讨论	无心听讲，欠交作业，极少讨论			
积极	积极发言，积极讨论，大量阅读	能举手发言，有参与讨论与交流，有阅读	很少举手，极少参与，没有阅读			

续表

项目	优秀级	良好级	不及格级	个人评价	同学评价	教师评价
自信	大胆提出不同的问题,大胆尝试并表达自己的想法	有提出自己的不同看法,并作出尝试	不敢提出和别人不同的问题,不敢尝试和表达自己的想法			
与人合作	善于与人合作,虚心听取别人的意见	能与人合作,能接受别人的意见	缺乏与人合作的精神,难以接受别人的意见			
思维的条理性	有条理表达意见,解决问题的过程清楚,做事有计划	能表达自己的意见,有解决问题的能力,但条理性差些	不能准确表达自己的意思,做事缺乏条理性,不能独立解决问题			
思维的创造性	具有创造性思维,能用不同的方法解决问题,独立思考	能用老师提供的方法解决问题,有一定的思考能力和创造能力	思考能力差,缺乏创造性,不能独立解决问题			
自我评价:						

续表

同学评价：
教师评价：

备注：

①本评价表针对学生课堂表现做评价。

②本评价分为定性评价和定量评价。

③定量评价总分为100分，最后取值为教师评、同学评和自评分数按比例取均值。

④定性评价部分分为"自我评价"、"同学评价"和"教师评价"，主要是概括性的描述和建议，以给学生提升自我做借鉴。

教师教学评价表

教学内容与教学目标是否一致
教学方法是否有特色及恰当

续表

教学效果如何	
不足之处	
建议及自我分析	

教案（PPT）
第五章 中国革命的新道路
第一节 对中国革命新道路的艰苦探索

历史背景简述（对之前课堂知识的复习）：

1924—1927年，以国共合作为基础的国民革命、北伐战争，沉重打击了帝国主义在华势力，基本推翻了北洋军阀的反动统治，极大地推进了中国革命进程。蒋介石、汪精卫背叛革命，导致大革命失败。此时，中国共产党面临严峻的形势。（播放反映蒋介石、汪精卫背叛革命的历史文献纪录片，然后进行概要性的讲授）

1. 国民党在全国统治的建立

（1）南京国民政府成立（教师讲述）

1）宁汉合流。

2）1928年2月，国民党二届四中全会召开，标志着国民党形成了以蒋介石为核心的统治。

3）张作霖败退出关，1928年6月4日，在皇姑屯被炸死。

4）张学良通电全国，宣布"遵守三民主义，服从国民政府，改易旗帜"。

国民党在全国范围内建立了自己的统治，实现了形式上的统一。

（2）国民党性质的改变（教师讲述）

1927年大革命失败后，蒋介石建立的南京政府开始了国民党新军阀对全国的反动统治。从1924年改组后的工人、农民、城市资产阶级和民族资产阶级的革命联盟，已经变成了一个代表地主阶级、买办性的大资产阶级利益的反动集团所控制的政党。

(3) 国民党的军事独裁统治（图片展示）

第一，为了镇压人民和消灭异己力量，国民党建立了庞大的军队。

第二，为了镇压人民和消灭异己力量，国民党还建立了庞大的特务系统。（图片展示）

中国国民党中央执行委员会调查统计局，即"中统"→代表人物：陈果夫、陈立夫——成立"中央俱乐部"。

国民政府军事委员会调查统计局，即"军统"→代表人物：贺衷寒、戴笠——成立"中华民族复兴社"。

第三，为了控制人民，禁止革命活动，国民党还大力推行保甲制度。

第四，为了控制舆论，剥夺人民的言论和出版自由，厉行文化专制主义。

2. 土地革命战争的兴起

（1）大革命失败后的艰难环境

数据列表展示（制作两个数据表）

1927年3月到1928年上半年，被国民党反动派屠杀的共产党员、革命群众约31万人，其中中共党员26000多人。

1927年11月党员人数，由1927年5月的57900多人锐减到10000多人。

（图片展示、事迹简介）在国民党反动统治下，大批共产党优秀的领导骨干和工农运动领袖，如李大钊、萧楚女、陈延年、赵世炎、张太雷、向警予、彭湃、蔡和森、邓中夏、恽代英、郭亮等英勇牺牲。

（2）开展武装反抗国民党反动统治的斗争

1）八七会议（插入八七会议的画面）

1927年8月7日，中共中央在汉口召开紧急会议，确定了土地革命和武装反抗国民党反动派的总方针，彻底清算了陈独秀

的右倾机会主义错误,选举了新的临时中央政治局。从此,中国革命开始由大革命失败到土地革命战争兴起的历史性转变。

(漫画展示)重点介绍毛泽东的名言:须知政权是由枪杆子中取得的。

2)南昌起义(油画作品《南昌起义》欣赏)

1927年8月1日,在周恩来、贺龙、叶挺、刘伯承、朱德等领导和指挥下,发动了南昌起义。南昌起义打响了武装反抗国民党反动派的第一枪,揭开了土地革命战争的序幕,开始了创建红军的新时期。8月1日后来被定为中国人民解放军的建军节。

3)秋收起义(播放秋收起义的历史文献纪录片)(油画作品《秋收起义》、油画作品《井冈山会师》赏析)

1927年9月9日,湘赣边界秋收起义爆发。起义军在严重受挫情况下,毛泽东改变原来攻打长沙的计划,把部队转移到敌人统治力量薄弱的井冈山地区。10月27日,部队到达井冈山的中心茨坪。1928年4月,朱德、陈毅率领湘南起义部队到达井冈山。28日,与毛泽东领导的秋收起义部队胜利会师。5月4日,正式成立了工农革命军第四军(6月改称工农红军第四军),朱德任军长,毛泽东任党代表,陈毅任政治部主任。井冈山根据地的建立,点燃了"工农武装割据"的星星之火,开辟了从农村开始武装夺取政权的中国革命新道路。

4)广州起义(图片展示)

1927年12月11日,中共广东省委书记张太雷和叶挺、恽代英、叶剑英等领导国民革命军第四军教导团和广州工人武装在广州举行起义,建立了广州苏维埃政府。由于敌人的猖狂反扑和起义部队没有及时转移到农村,起义遭到失败。

3. 农村包围城市、武装夺取政权的道路

(1)对中国革命新道路的探索

1)土地革命、武装斗争、建设根据地是1927年以后中国革命发展的客观规律所要求的(教师讲解、学生回顾思考)

第一,中国共产党领导的起义部队逐步转移到远离国民党统治中心的农村区域,发动农民群众、开展游击战争、进行土地革命和创建工农政权的斗争。

第二,中共中央初步提出建立革命政权、实行武装割据的思想。

2)毛泽东对革命新道路的理论贡献(国画家杨之光创作反映土地革命战争的国画作品《不灭之明灯》艺术案例分析)

毛泽东不仅在实践中首先把革命的进攻方向指向了农村,而且从理论上阐明了武装斗争的极端重要性和农村应当成为党的工作中心的思想。

列举毛泽东著作并对其内容进行重点概括:

第一,《中国的红色政权为什么能够存在》、《井冈山的斗争》。

第二,《星星之火,可以燎原》一文,通过油画作品展示,让学生明白工农武装割据、土地革命以及武装斗争的重要性。

第三,《反对本本主义》:阐明了坚持辩证唯物主义的思想路线即坚持理论与实际相结合的原则的极端重要性,提出了"没有调查,没有发言权"和"中国革命斗争的胜利要靠中国同志了解中国情况"的重要思想,表现了毛泽东开辟新道路、创造新理论的革命首创精神。

3)古田会议

展示油画作品、国画作品,了解古田会议的主要内容:红军绝对服从共产党的领导;加强思想和政治路线的教育。古田会议对于中国革命新道路的开辟和坚持具有重要的意义。

(2)反围剿战争与土地革命

1)反围剿战争(视频播放)

第九章 教学模式与方法贯彻于《纲要》课教学

农村革命根据地的出现,遭到了蒋介石国民党军队的围攻。从 1930 年 10 月到 1932 年年底,蒋介石亲自部署,纠集重兵,对中央革命根据地发动了连续四次大规模军事"围剿"。(播放中央革命根据地反"围剿"的历史文献片)

在中央红军连续粉碎国民党军队四次"围剿"的同时,鄂豫皖、湘鄂西等根据地的红军也英勇地反击了国民党军队的多次"围剿",取得了很大的胜利。

2)土地革命(列表、显示数据)

a. 1928 年《井冈山土地法》:没收农村中全部土地归苏维埃政府所有;征收土地税,禁止土地买卖。

b. 1929 年《兴国土地法》(江西):把《井冈山土地法》中"没收一切土地"改为"没收一切公共土地及地主阶级的土地"。

c. 土地革命纲领和路线坚定地依靠贫农、雇农,联合中农,限制富农,保护中小工商业者,消灭地主阶级;以乡为单位,按人口平分土地,在原耕地的基础上,实行抽多补少、抽肥补瘦。

d. 土地革命意义分析。革命根据地领导农民打土豪、分田地,充分调动了广大农民发展生产和参军参战的积极性。中国共产党成了农民和一切革命民主派的领导者。中国革命之所以能够得到坚持和发展,根本的原因,在于中国共产党紧紧地依靠了农民,领导农民进行了土地制度的革命。

以上就是一节课所讲授的主要内容。授课的目的体现在:讲清国民党政权的性质,中共探索革命新道路的过程,红军反"围剿"作战与土地革命的开展情况。布置课后作业:红色美术作品欣赏,历史主题艺术创作和设计。

为了接续下节课,可以发问给学生思考,题目是:中国革命是否从此就顺利开展起来?教师简单讲述:中国革命经历了不少曲折,是在探索中曲折前进。关于中国革命如何在探索中曲折前进是下一节课所要讲授的内容。

参考文献

一、文献、著作类

[1] 邓小平文选（第 2 卷）[M]. 北京：人民出版社，1993.

[2] 杨雄，等. 素质思想政治教育论 [M]. 北京：人民出版社，2008.

[3] 爱因斯坦文选（第 3 卷）[M]. 北京：商务印书馆，1976.

[4] 马克思恩格斯全集（第 1 卷）[M]. 北京：人民出版社，1995.

[5] 宋建林，陈飞龙. 中国马克思主义艺术理论发展史 [M]. 北京：三联书店，2011.

[6] （美）杜威. 杜威教育论著选 [M]. 上海：华东师范大学出版社，1981.

[7] 教育部社会科学研究与思想政治工作司. 思想政治教育方法论 [M]. 北京：高等教育出版社，1999.

[8] 董奇，等. 脑的行动：21 世纪的科学前沿 [M]. 北京：北京师范大学出版社，2000.

[9] （美）贝蒂·艾德华. 像艺术家一样思考 [M]. 张索娃，译. 海口：海南出版社，2003.

[10] 巴金. 随想录 [M]. 北京：三联书店，1987.

[11] 北京大学美学教研室. 西方美学家论美和美感 [M]. 北

京：商务印书馆，1980.

［12］（德）黑格尔．美学（第1卷）［M］．北京：商务印书馆，1979.

［13］伍棠棣，等．心理学［M］．北京：人民教育出版社，1982.

［14］马克思恩格斯选集（第1卷）［M］．北京：人民出版社，1995.

［15］张耀灿，郑永廷，吴潜涛，骆郁廷，等．现代思想政治教育学［M］．北京：人民出版社，2006.

［16］胡锦涛．高举中国特色社会主义伟大旗帜，为夺取全面建设小康社会新胜利而奋斗——在中国共产党第十七次全面代表大会上的讲话［M］．北京：人民出版社，2007.

［17］张耀灿，陈万柏．思想政治教育学原理［M］．北京：高等教育出版社，2001.

［18］魏宏森，曾国屏．系统论——系统科学哲学［M］．北京：世界图书出版公司，2009.

［19］刘纲纪．艺术哲学［M］．湖北：武汉大学出版社，2006.

［20］孙庆珠．高校校园文化概论［M］．济南：山东大学出版社，2008.

［21］教育部思政司．高校校园文化建设优秀成果［M］．北京：中国人民大学出版社，2007.

［22］薛彦华．教育学［M］．北京：科学出版社，2009.

［23］朱汉民．中国传统文化导论［M］．长沙：湖南大学出版社，2000.

二、期刊、报纸类

［1］努力把高校思想政治理论课建设成为学生真心喜爱终身受益毕生难忘的优秀课程——教育部部长袁贵仁与高校思想政治

理论课骨干教师研修班全体学员座谈时的讲话［J］．思想理论教育导刊，2010（6）．

［2］夏正江．论因材施教的实施策略［J］．教育研究与实验，2008（4）．

［3］骆郁廷．高校思想政治理论课建设的规律性初探［J］．思想理论教育导刊，2007（3）．

［4］邱柏生．论思想政治理论课的基本功能［J］．学校党建与思想教育，2005（4）．

［5］顾小静．"两课"教学与人文素质教育的结合［J］．江苏高教，2003（6）．

［6］徐东．"两课"教学的人文素质教育功能探析［J］．盐城工学院学报，2005（1）．

［7］郑金洲．案例教学：教师专业发展的新途径［J］．教育理论与实践，2002（7）．

［8］陈文豪．音乐院校思想政治理论课案例教学研究［J］．忻州师范学院学报，2010（6）．

［9］张丽萍．案例教学在高校思想政治理论课教学运用中的反思［J］．法制与社会，2009（8）．

［10］陈荣荣．提高高职院校思政课堂教学有效性研究［J］．读与写，2008（5）．

［11］余文森．课堂教学有效性的探索［J］．教育评论，2006（6）．

［12］程红，张天宝．关于艺术院校"两课"教学的创新思考［J］．音乐探索，2002（3）．

［13］王素莲．艺术院校"两课"改革管见［J］．当代戏剧，2003（3）．

［14］陈占安．关于进一步提高思想政治理论课教学质量的思考［J］．思想理论教育，2011（10）．

［15］熊晓琳．充实教学内容 改进教学方法——讲授"毛泽东思想和中国特色社会主义理论体系概论"课的做法与体会［J］．思想理论教育导刊，2008（10）．

［16］刘小新．大力提高思想政治理论课教学的实效性［J］．北京联合大学学报（人文社科版），2008（6）．

［17］练崇潮，汪水英．毛泽东思想和中国特色社会主义理论系概论课教学实效性的探讨［J］．教育探索，2009（112）．

［18］陈升．关于青少年德育状况的调查报告［J］．中国青少年政治学院学报，2001（3）．

［19］向先孟．当代大学生个性发展问题与优化路径研究［J］．咸宁学院学报，2012（2）：86．

［20］王潞红．浅析思想政治教育与学生个性发展［J］．东方企业文化，2011（10）：267．

［21］于影，王猛．论高校艺术类大学生个性发展与思想政治教育工作的对策［J］．沧桑，2011（2）：160．

［22］马奇柯．国外思想政治教育机制建设研究［J］．学校党建与思想教育，2006（4）．

［23］郭耀红，张磊．当代国外思想政治教育的发展及启示［J］．前进，2005（4）．

［24］邵建防，罗骋．国外思想政治教育特色及对我国的启示［J］．湖北社会科学，2004（8）．

［25］赵野田．国外高校德育的特点、发展趋势及启示［J］．东北师范大学学报（哲学社会科学版），1998（2）．

［26］朱毅峰．高校校园文化品牌建设探析［J］．浙江师范大学学报（社会科学版），2007（3）．

［27］周永东．高校校园文艺与校园文化建设——以教育部品牌活动"五月的鲜花"为例［J］．石河子大学学报（哲学社会科学版），2010（5）．

[28] 陈占安. 关于进一步提高思想政治理论课教学质量的思考 [J]. 思想理论教育. 2011 (10).

[29] 刘小新. 大力提高思想政治理论课教学的实效性 [J]. 北京联合大学学报 (人文社科版), 2008 (6).

[30] 熊晓琳. 充实教学内容 改进教学方法——讲授"毛泽东思想和中国特色社会主义理论体系概论"课的做法与体会 [J]. 思想理论教育导刊, 2008 (10).

[31] 和蔚, 杨文武. 马克思主义基本原理概论课教学中划清"四个重大界限"的方法探赜 [J]. 学校党建与思想教育, 2013 (6).

[32] 苏宏象, 黄修卓. 利用区域文化资源, 提高思想政治理论课教学实效研究 [J]. 百色学院学报, 2012 (5).

[33] 逄锦聚.《马克思主义基本原理概论》教材修订说明及教学建议 [J]. 思想理论教育导刊, 2013 (9).

[34] 李文艳. 马克思主义基本原理概论课教学要着重解决三个问题 [J]. 思想理论教育导刊, 2013 (11).

[35] 杨彩利. 走出教学改革的误区——以《马克思主义基本原理概论》为例 [J]. 中国成人教育, 2013 (4).

[36] 胡锦涛. 在庆祝清华大学建校 100 周年大会上的讲话 [N]. 人民日报, 2011-04-05 (2).

后　　记

　　艺术院校思想政治理论课教学不仅要遵循普遍性，更要体现特殊性，彰显个性与特色。艺术具有非凡的育人功能，好的艺术作品往往能净化人的心灵，塑造人的品格；古今中外艺术大师，其艺术人生中也蕴含了丰富的人生哲理与启示。这些都是艺术院校思想政治理论课教学的重要资源，需要不断挖掘和利用。为此，广州美术学院思想政治理论课教学部从艺术院校的实际出发，努力寻找艺术教育、人文素质教育与思想政治教育三者的最佳结合点，深入挖掘艺术作品、艺术案例、传统文化中的思想政治育人资源，不断探索具有艺术院校特色的"一体两翼"思想政治理论课教学模式及艺术作品教学法、艺术案例教学法和传统文化教学法，积累了富有艺术院校特色的思想政治理论课教育教学经验，取得了丰硕的理论和实践成果。

　　为了把握艺术生的个性特质，探索艺术院校思想政治教育的特殊规律和方法，近年来我们先后进行了"艺术生人文素养现状"、"艺术生个性特征"、"大学生思想政治理论课教学现状"、"美术专业学生思想政治理论课因材施教现状"、"广州美术学院思想政治理论课教学方法创新现状"等调研，并在此基础上开展了多个项目的研究。自2009年来，立项的省厅级课题有9项，如"艺术院校思政课教学模式和方法创新研究"（广东省教学改革课题：粤财教〔2012〕361号）、"社会主义核心价值观教育在'马克思主义基本原理概论'中的实施形式研究——以艺术院校为例"（广东省高等学校思想政治教育重点课题：2011ZZ017）、"高校思想政治理论课培育和践行社会主义核心价值观研究——基于

艺术院校'三位一体'特色教学方式研究"(广东省高等学校思想政治教育重点课题：2013ZZ012)等，其中周国琴教授主持的"艺术院校'一体两翼'思想政治理论课教学模式与方法研究"入选广东高校思想政治理论课教学方法改革项目"择优推广计划"。立项的校级课题有6项，如"对艺术院校运用中华传统文化进行思想政治教育的探索"(09XJA07)、"以生为本，提高艺术院校思政课教学有效性的研究"(12XJB007)、"老艺术家生平与创作声像图文资料采集及其德育资源研究"(13XJC008)等。发表的相关教学论文共18篇，如"社会主义核心价值观融入'概论'课路径研究——以艺术院校为例"(《学校学建与思想教育》2013年第2期)、"艺术院校思政课'一体两翼'教学模式探析"(《学校党建与思想教育》2012第8期)、"中华传统文化与美术院校思想政治理论课教学"(《思想政治教育研究》2011年第2期)、"传承与创新——对借鉴中华传统文化创新艺术院校思政教学的探索"(《美术学报》2009年第4期)、"试论我国高等艺术院校的人文素质教育"(《高教探索》2009年第5期)等，其中梁健惠老师的论文"艺术院校提高'思想道德修养与法律基础'课有效性的探讨"荣获全国高校"思想道德修养与法律基础"教学百题征文优秀奖。同时，坚持教研教改与教学过程有机结合，积极推进教学改革成果的应用，不断将三大教学方法（艺术作品教学法、艺术案例教学法、传统文化教学法）贯彻到四门主干课（《原理》、《基础》、《概论》、《纲要》），并取得了较好的教学效果，袁汪洋老师荣获2012年广东省高校思想政治理论课青年教师教学基本功比赛一等奖。

《艺术院校思想政治理论课"一体两翼"教学模式与方法研究》是我们实践探索和理论研究的重要成果之一，是课题组成员集体智慧的结晶，由周国琴、徐平华提出研究的基本思路，拟定写作大纲，各章的撰写人员与具体分工如下：第一章和第八章由袁汪洋副教授撰写，第二章和第四章由周国琴教授撰写，第三章、第五章和第六章的第二部分（《原理》课教学设计实例）由徐平华副教授撰写，第七章由梁健惠副教授撰写，第八章和第六章的第一部分（《原理》课教学的理论探析）由吴爱邦讲师撰写，全书由袁汪洋副教授统稿，最后由周国琴教授审稿和定稿。

在研究过程中，我们得到了学校领导的大力支持，课题组成员和其他同仁的帮助，在此一并表示感谢。同时，借鉴和引用了一些专家、学者和同行的研究成果，在此谨致诚挚的谢意。由于作者水平有限，书中难免有不妥之处，敬请专家、学者和读者批评指正。

编　者
2014 年 5 月于羊城